INHALTSVERZEICHNIS

1. **VORWORT** · 6
2. **EINLEITUNG** · 7
3. **„PLAN DRIVEN DEVELOPMENT" VS. „VISION DRIVEN DEVELOPMENT"** · 8
4. **AGILES VORGEHEN IST ITERATIV UND INKREMENTELL. WAS HEISST DAS?** · 9
   - 4.1. Inkrement vs. Iteration verbildlicht: Die Mona Lisa · 9
   - 4.2. Was ist das kleinste shippable increment der Mona Lisa? · 10
   - 4.3. Was ist die einfachste Iteration des Inkrements, die shippable ist? · 10
   - 4.4. Woher weiß man, was Business Value hat? · 11
5. **AGILE ANFORDERUNGSANALYSE MIT IMPACT MAPPING** · 12
   - 5.1. Was ist Impact Mapping und wofür wird es genutzt? · 12
   - 5.2. So funktioniert Impact Mapping · 13
6. **AGILES PROJEKTMANAGEMENT MIT SCRUM** · 15
   - 6.1. Die Scrum-Rollen · 17
     - 6.1.1. Product Owner · 17
     - 6.1.2. Scrum Master · 17
   - 6.2. Scrum Meetings · 18
     - 6.2.1. Sprint Planning 1 · 18
     - 6.2.2. Sprint Planning 2 · 18
     - 6.2.3. Daily Scrum · 18
     - 6.2.4. Sprint Review · 19
     - 6.2.5. Retrospektive · 19
   - 6.3. Sprint · 20
   - 6.4. Die Scrum-Artefakte · 21
     - 6.4.1. Sprint Backlog · 21
     - 6.4.2. Product Backlog · 21
     - 6.4.3. Impediment Backlog · 22
     - 6.4.4. Burndown-Diagramm · 23
   - 6.5. Welche Vorteile bietet Scrum? · 23
   - 6.6. Die Kostenkalkulation in Scrum · 24
   - 6.7. Die größten Fehler im Scrum-Prozess · 26
   - 6.8. Übersicht der Vor- und Nachteile von Scrum · 29
   - 6.9. Zusammenfassung: Scrum · 30
7. **AGILES PROJEKTMANAGEMENT MIT KANBAN** · 31
   - 7.1. Zur Geschichte von Kanban · 31
   - 7.2. Kanban in der Softwareentwicklung · 31

INHALTSVERZEICHNIS

7.3. Kanban in Projekten	32
7.4. So funktioniert Kanban	32
7.5. Vorteile von Kanban im Überblick	34
7.6. Konsens – Die Basis des Kanban-Change	34
7.7. Sieben Schritte für erfolgreiches Kanban	35
8. KANBAN VS. SCRUM	**37**
8.1. Vorgaben bei Kanban	38
8.2. Vorgaben bei Scrum	38
8.3. Scrum und Kanban im direkten Vergleich	39
8.4. Wann eignet sich Kanban und wann Scrum besonders?	40
8.5. Von Wasserfall über Scrum zu Kanban	41
9. VERTRAGSGESTALTUNG BEI WEBPROJEKTEN	**42**
9.1. Klassisches oder agiles Projektmanagement?	42
9.2. Probleme des klassischen „Wasserfalls"	42
9.3. Agile Projektmethode als Heilsbringer?	43
9.4. Was beudeutet Agilität rechtlich?	44
9.5. Gretchenfrage: Werk- oder Dienstvertrag?	44
9.6. Entscheidend ist der Vertragsinhalt	45
9.7. Bedarfsgerechte Vertragsgestaltung	45
9.8. Zusammenfassung	46
10. TECHDIVISION BUBBLE BUDGETING	**47**
10.1. Bubble Budgeting	48
10.2. Wozu brauche ich Agile?	50
10.3. Wozu brauche ich Lean?	50
10.4. Alter Wein in neuen Schläuchen	50
11. WARUM EIN TRADITIONELLER AUSSCHREIBUNGSPROZESS NICHT MEHR ZEITGEMÄSS IST	**51**
12. AGILE METHODEN SIND ERFOLGREICH(ER) UND AUF DEM VORMARSCH	**53**
13. DER AGILE EVALUIERUNGSPROZESS	**56**
13.1. Klassisches Vorgehen vs. agiles Vorgehen	57
13.2. Die vier Phasen der agilen Software-Evaulierung	58
13.2.1. Discovery Phase	59
13.2.2. Translation-Phase (User-Stories/ Epics)	63
13.2.3. Auswahl- und Präsentationsphase	65
13.2.4. Implementierungsphase	68
13.3. Kosten für das Testprojekt	70

INHALTSVERZEICHNIS

14. FAZIT · 71

15. AGILE ARBEITSWEISEN EIGNEN SICH NICHT NUR FÜR ENTWICKLUNG... · 72
- 15.1. Problem der Usability Engineers · 73
- 15.2. Problem des Entwicklungsteams · 73
- 15.3. Lösungsansatz · 74
- 15.4. 3 Praxistipps für eine erfolgreiche, interdisziplinäre Zusammenarbeit · 75
- 15.5. Dreifaches Optimierungspotential · 76
- 15.6. Ausblick · 77

16. DAS DIGITALISIERUNGSMANAGEMENT-DILEMMA · 78
- 16.1. Wir machen jetzt Scrum und sind damit modern und agil! · 79
- 16.2. Agilisierung in der Praxis – unser Ansatz und einige Erfahrungen · 80
- 16.3. Ein kurzer historischer Abriss · 81

17. THEORIE X UND THEORIE Y ALS AUSGANGSPUNKT · 82
- 17.1. McGregor's kritische Unterscheidung · 83

18. FLOW · 84

19. AGILE MANAGEMENT INNOVATIONS (AMIS) - HILFSMITTEL ZUR AGILISIERUNG EINES UNTERNEHMENS · 86
- 19.1. Die 26 AMIS im Überblick · 86

20. DER TECHDIVISION AGILISIERUNGSPROZESS UND EINIGE LEARNINGS DARAUS · 88

21. DIE ERGEBNISSE UNSERES AGILISIERUNGSWORKSHOPS · 89

22. DIE RECHNUNG OHNE DEN WIRT · 92

23. FAZIT · 93

24. AUTOREN · 94

25. TECHDIVISION GMBH · 95

26. WAS WIR FÜR SIE TUN KÖNNEN... · 96

27. DAS SAGEN KUNDEN ÜBER UNS... · 97

28. EIN AUSZUG UNSERER REFERENZEN · 98

29. DAMIT NEHMEN SIE FAHRT AUF... · 99

30. LESETIPPS · 100

31. IMPRESSUM · 101

Bildquelle: http://www.istockphoto.com/de/foto/gesch%C3%A4ftsmann-und-gesch%C3%A4ftsfrau-mit-tablet-pc-gm517460280-89487731?
iStock.com/Erikona

VORWORT

Das vorliegende Whitepaper möchte ich allen leidgeplagten (IT-)Projektverantwortlichen widmen, die sich mit den Tücken ständig ändernder Anforderungen bei (IT-)Projekten herumschlagen. Aufgrund von vorab – meist zu einem zu frühen Zeitpunkt – fest definierten Vorgaben werden Projekte meist unnötig in ein starres „Korsett" gezwängt, das keinerlei Aktion, sondern nur noch Reaktion zulässt. In Zeiten sich extrem dynamisch ändernder Umgebungen kann so kaum mehr der nötige Freiraum für einen erfolgreichen Projektabschluss bestehen.

Darüber hinaus möchten wir mit dem vorliegenden Whitepaper alle Entscheidungsträger überzeugen und sie ermutigen, einen neuen Weg einzuschlagen: Pflichtenhefte und bis ins letzte Detail durchgeplante Konzepte sowie klassisches „Command & Control" waren gestern. Lassen Sie Ihren Projekten und Mitarbeitern die Freiheit, sich dynamisch gemeinsam mit ihrem Umfeld zu entwickeln und erleben Sie die Vorteile des agilen Projektmanagementansatzes, der zu einer erfolgreichen Bewältigung von IT-Projekten beiträgt.

In diesem Sinne wünsche ich Ihnen die nötige Geduld, einen gewissen Weitblick und ein ganzes Stück Vertrauen in Ihre Projektverantwortlichen. Ich bin mir sicher, dass diese das in sie gesetzte Vertrauen und die damit mögliche Flexibilität nicht missbrauchen werden und stattdessen noch praxisorientiertere und auch bessere Endergebnisse abliefern werden.

Sollten Sie noch kein entsprechendes Basiswissen in modernem (Projekt-)Management besitzen oder Ihre bereits vorhandenen Kenntnisse nochmals auffrischen wollen, bieten wir Ihnen individuelle Workshops und Trainings mit entsprechendem Praxisbezug an. Sprechen Sie einfach mit uns! Gerne beraten wir Sie kostenlos und unverbindlich.

Ihr Josef Willkommer

EINLEITUNG

Wer kennt im IT-Umfeld nicht das altbekannte und auch oftmals „verdammte" Projektmanagement anhand des sog. Wasserfall-Modells. Hierbei wird in einer mitunter recht umfangreichen Konzeptphase im Vorfeld zuerst ein Lastenheft erstellt, das die fachlichen Anforderungen an ein Projekt beschreibt. Die technische Übersetzung dieser Anforderungen erfolgt dann im sog. Pflichtenheft, das bei Bedarf noch um technische Feinkonzepte ergänzt wird. Jedoch vergehen nicht selten viele Wochen, ja sogar Monate, bis mit der eigentlichen Entwicklung anhand der so erstellten Dokumente begonnen werden kann. Dabei beinhaltet diese Vorgehensweise einen ganz entscheidenden Nachteil, der in der Vergangenheit aber dennoch immer wieder aufs Neue übersehen wurde: Ein nicht unwesentlicher Teil der Anforderungen ist zu Projektbeginn entweder noch nicht bekannt oder lässt sich im Vorfeld nur grob skizzieren und definieren, da aufgrund von zunehmender Komplexität im Webumfeld häufig erst im Projektverlauf alle technischen Anforderungen bekannt und evaluiert werden können. Zudem gibt es, meist aufgrund sich ändernder externer Faktoren oder Marktgegebenheiten, nahezu immer notwendige Anpassungen, die in den meisten Fällen zur Konsequenz haben, dass das Endergebnis häufig ganz anders aussieht bzw. aussehen soll, als dies zu Beginn der Konzeption geplant war.

Bereits vor etlichen Jahren wurde dieser Umstand zum Anlass genommen, um über neue Projektmanagementansätze nachzudenken, die mehr Flexibilität und am Ende auch mehr Sicherheit für alle Beteiligten bieten sollen: Das agile Projektmanagement war geboren und mit zunehmender Dynamik, insbesondere im Webumfeld, haben auch die Nachfrage und die Bedeutung dieser agilen PM-Ansätze in den letzten Jahren zu Recht signifikant zugenommen.
Quelle: http://www.scrumalliance.org

Dabei haben sich insbesondere Scrum und Kanban in jüngerer Zeit etabliert. Mit vorliegendem Dokument möchten wir diese beiden Ansätze kurz vorstellen, auf deren Besonderheiten, Vor- und Nachteile eingehen und einige Tipps und Tricks zum Einstieg in die Welt des agilen Projektmanagements vermitteln.

An dieser Stelle empfehlen wir, sich mit diesen Ansätzen intensiv auseinander zu setzen, da wir davon überzeugt sind, dass insbesondere Webprojekte aufgrund der weiter zunehmenden Dynamik und Komplexität zukünftig nur noch agil erfolgreich bewerkstelligt werden können.

„PLAN DRIVEN DEVELOPMENT" VS. „VISION DRIVEN DEVELOPMENT"

Beim klassischen Projektmanagement-Ansatz wird der Umfang der gesamten zu entwickelnden Lösung vorab festgelegt und genau definiert. Bei einer derartigen Planungs- und Spezifikationsphase – dem „Big Design Up-Front" – stellt der Projektleiter bei Umsetzung eines Projekts oftmals fest, dass Zeit und Budget falsch kalkuliert sind oder dass das Projektteam die Bedürfnisse und Anforderungen des Kunden nicht zielführend bearbeiten konnte. Durch das „Plan-Driven-Development" entstehen daher meist Stress, Unzufriedenheit und auch mangelnde Wirtschaftlichkeit. Nachfolgende Abbildung verdeutlicht den Unterschied zwischen dem klassischen Projektmanagement und agilen Methoden.
Quelle: http://t3n.de/magazin/praxisbericht-scrum-kanban-scrumbuts-agiles-232822/

Der agile Ansatz zeichnet sich vor allem dadurch aus, dass zu Beginn eines Projekts Zeit und Budget als Konstanten definiert werden. Zusammen mit dem Kunden werden dann Anforderungen ausgearbeitet, die sich innerhalb dieses Rahmens realisieren lassen. Die Rede ist dann vom sogenannten „Vision Driven Development". Der Vorteil dieser Vorgehensweise liegt vor allem darin, dass der Kunde fortwährend den Verlauf des Projekts mitbestimmen kann und die einzelnen To-Do's von Iteration zu Iteration bestimmen kann (Scope Management). Das transparente Vorgehen hilft nicht nur den Entwicklern zielführend zu arbeiten. Auch der Kunde bekommt dadurch ein besseres Gefühl für das laufende Projekt. Durch die Value-Driven-Arbeitsweise kann das Team aus vorangegangenen Iterationen lernen und das Gelernte für die nächsten Schritte nutzen.
Quelle: http://t3n.de/magazin/praxisbericht-scrum-kanban-scrumbuts-agiles-232822/

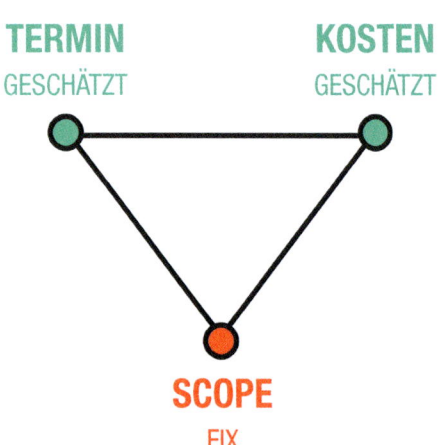

PLAN DRIVEN
KLASSISCHES PROJEKTMANAGEMENT

TERMIN GESCHÄTZT
KOSTEN GESCHÄTZT
SCOPE FIX

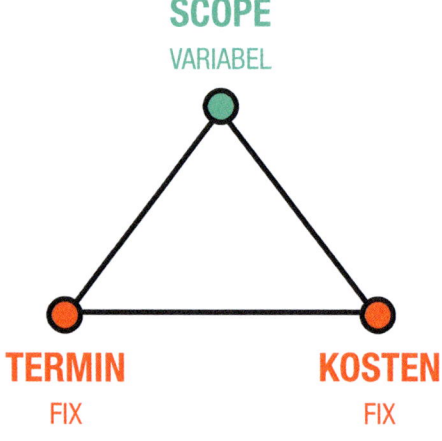

VISION DRIVEN
AGILE METHODEN

SCOPE VARIABEL
TERMIN FIX
KOSTEN FIX

AGILES VORGEHEN IST ITERATIV UND INKREMENTELL. WAS HEISST DAS?

Ein Inkrement ist ein fertiges Teilstück. Ergebnis einer Iteration ist dagegen eine neue (möglichst verbesserte) Version eines bestehenden Teilstücks oder auch des Ganzen.

Das fertige Stahlgerüst einer Brücke von Ufer zu Ufer, das man noch auskleiden muss, damit man die Brücke befahren kann, ist Ergebnis einer Iteration „Brücke bauen".

Die ganze Brücke ist da, aber eben erst einmal nur als Gerüst. Schwindelfreie können den Fluss so schon überqueren. Hinüberfahren kann man aber noch nicht. Die ersten 100 Meter fertige Brücke bis zum Pfeiler 2, mit allem Pipapo, fertig befahrbar, sind ein Inkrement der Brücke. Das Inkrement ist fertig, aber es ist noch keine Brücke, nur ein Teilstück. Niemand kommt über den Fluss, auch kein Fußgänger.

4.1. INKREMENT VS. ITERATION VERBILDLICHT: DIE MONA LISA

Bildlich zeigt die Mona Lisa, was gemeint ist. Das Beispiel ist von Jeff Patton, dem Erfinder der Story Maps für User Storys. Oben sehen wir inkrementelles Vorgehen, Stück für Stück wird das Bild in den Endzustand versetzt. Unten sehen wir iteratives Vorgehen, das gesamte Bild wird vom Start weg erstellt, erst einmal grob, dann wird es immer weiter verfeinert bzw. ausgemalt, bis das Gesamte fertig ist.

Der Kern des agilen Vorgehens ist nun: Was ist das kleinste Inkrement, mit dem wir etwas Wertvolles liefern? Und was ist die einfachste Iteration, die wir dafür verwenden können?

Quelle: http://www.agileproductdesign.com/blog/dont_know_what_i_want.html

4.2. WAS IST DAS KLEINSTE SHIPPABLE INCREMENT DER MONA LISA?

Vielleicht ihr Gesicht? Ja, die Kunstliebhaber würden etwas zahlen, um ein kleines Portrait (gemalt von da Vinci) von Mona Lisa zu bekommen, sagt der Gemälde-PO. Also nicht das gesamte Bild der Mona Lisa, sitzend vor einer Landschaft, sondern nur das Gesicht. Besser als nichts. Würden die Leute auch zahlen, um die linke obere Ecke des finalen Bilds zu besitzen? Weniger wahrscheinlich, sagt der Gemälde-PO. Fangen wir also mit dem Gesicht an, das scheint als erstes Inkrement den höchsten Business Value zu haben.

Unser Ziel ist dabei nicht, das große Ganze einfach nur in Teilstücke (Inkremente) zu zerbrechen, die wir dann nach und nach liefern. Denn dann hat erst das Ganze, das sich am Schluss zusammensetzt, einen Wert.

Das ist zu spät. Vielmehr wollen wir Inkremente wählen, die vermutlich (!) einen hohen Wert haben. Vielleicht kommt der Gemälde-PO und erzählt uns nach Präsentation des Inkrements überrascht: „Portraits sind out! Kein Mensch will nur Gesichter! Hände! Das ist es. Wir brauchen die Hände dazu!" Wir passen uns an den Markt an und sagen da Vinci: „Mach als nächstes die Hände." We increment to adapt.

Noch besser, als ein fertiges Inkrement abzuliefern, um zu sehen, ob es den Bedürfnissen der Nutzer entspricht, ist es aber, sich iterativ dem perfekten, fertigen Inkrement zu nähern. So merken wir noch schneller, ob Gesichter überhaupt gefragt sind.

4.3. WAS IST DIE EINFACHSTE ITERATION DES INKREMENTS, DIE SHIPPABLE IST?

Ein Gesicht schön zu malen, kostet Zeit und Geld, sagt da Vinci. Fangen wir deshalb mit einer ersten Iteration an: Eine Strichzeichnung des Gesichts?! Ist diese Strichzeichnung ein potentially shippable product? Ja, denn die Leute zahlen auch für eine Skizze von da Vinci, meint der PO. Wäre eine niedergeschriebene Absichtserklärung von da Vinci „Ich werde ein schönes Gesicht malen, es wird eine Frau zeigen, die lächelt, als habe sie sich einen kleinen Witz erzählt, ich sag's euch, das wird super", wäre das ein potentially shippable product? Der Gemälde-PO geht davon aus, dass die Leute nicht viel für so etwas zahlen würden. Also nein. (Working software over comprehensive documentation)

Bei Scrum fallen die beiden „Rhythmen" von Inkrementen und Iterationen übrigens zusammen (im Sprint). Das muss nicht so sein und ist in anderen agilen Methoden anders, z. B. im XP oder DSDM oder den Crystal Methods.

Noch mal zur Iteration: Ist eine Strichzeichnung, die einen Kreis, zwei Punkte (= Augen) und einen Halbkreis (= Lächeln) zeigt, ein akzeptables Ergebnis einer ersten Iteration? Der Gemälde-PO sagt nein, die Implementierungstiefe „Strichmännchen" des Inkrements „Gesicht" der Mona Lisa würden die Kunstliebhaber mit höchster Wahrscheinlichkeit nicht akzeptieren. Ein bisschen mehr muss es schon sein.

4.4. WOHER WEISS MAN, WAS BUSINESS VALUE HAT?

„Ist das immer so?" fragen wir den Gemälde-PO. Nein, sagt er. Es ist höchstwahrscheinlich bei Keith Haring anders als bei da Vinci. Keith Haring ging in der Implementierungstiefe über Strichmännchen selten hinaus. Ein Strichmännchen von Keith Haring kaufen die Leute wie warme Semmeln, auf die Art verdienen wir Geld.

Der Business Value ist kontextspezifisch, domänenspezifisch usw. Der Kunde muss uns sagen, was für ihn Wert hat, wir können es (meistens) nicht ohne ihn wissen. Oft weiß er es selber nicht, dann müssen wir ihm helfen, herauszufinden, was für ihn welchen Business Value hat und wie man das testen kann. Impact Mapping ist eine der vielen Möglichkeiten, die dem Kunden dabei helfen können.

Bildquelle: http://www.istockphoto.com/de/foto/blast-off-gm149282778-20107762?st=_p_Kind%20flieger
iStock.com/RichVintage

AGILE ANFORDERUNGSANALYSE MIT IMPACT MAPPING

5.1. WAS IST IMPACT MAPPING UND WOFÜR WIRD ES GENUTZT?

Impact Mapping ist eine strategische Planungstechnik und Anforderungsanalyse. Es hilft Unternehmen dabei, das Ziel während einer Projektarbeit nicht aus den Augen zu verlieren und fördert ein zielgerichtetes Arbeiten. Konzepte wie Lean Startup oder Continuous Delivery gewinnen dabei immer mehr an Bedeutung, während der herkömmliche, auf Vollständigkeit und Korrektheit abzielende Begriff der „Anforderung" immer mehr in den Hintergrund gerät (vgl. http://btdays.de/2014se/sessions/continuous-learning-agile-anforderungsanalyse-mit-impact-mapping). In diesem Zusammenhang wurde von Gojko Adzic das sogenannte Impact Mapping entwickelt, welches sich des Problems annimmt und den Spagat zwischen Plan und Experiment schafft (vgl. http://de.slideshare.net/springify/software-that-matters-agile-anforderungsanalyse-mit-impact-mapping).

Projekte haben eine voneinander abhängige, dynamische Beziehung zu Menschen, anderen Projekten sowie Organisationen und Gemeinschaften um sie herum.

Impact Mapping versteht sich dabei als kooperatives und kreatives Verfahren, das einen besseren Überblick in einem laufenden Projekt verschaffen soll (vgl. http://de.slideshare.net/springify/software- that-matters-agile-anforderungsanalyse-mit-impact-mapping).

„Impact mapping helps to reduce waste by preventing scope creep and over-engineered solutions. It provides focus for delivery by putting deliverables in the context of impacts they are supposed to achieve. It enhances collaboration by creating a big-picture view that business sponsors and delivery teams can use for better prioritisation and as a reference for more meaningful priorisation monitoring and reporting. Finally, it helps to ensure that the right business outcomes are achieved, or that unrealistic projects are stopped before they cost too much, by clearly communicating underlying assumptions and allowing teams to test them."
Quelle: http://impactmapping.org/about.php

5.2. SO FUNKTIONIERT IMPACT MAPPING

Impact Mapping verbindet verschiedene Methoden miteinander und stellt Prozesse visuell dar. Die Methode dient somit zum Lösen komplexer Probleme und eignet sich vor allem auch für heterogene Gruppen. Vorkenntnisse werden kaum benötigt. Der Start beim Impact Mapping ist immer mit einem geschäftlichen Ziel verbunden. So kann der eigentliche Nutzen eines Projekts stärker fokussiert werden.

Impact Mapping bedeutet so viel wie „Auswirkungs-Zuordnung" und besteht aus den Phasen „Vorbereitung" (Preparation) und Zuordnung (Mapping). In der ersten Phase geht es vor allem darum, Ziele genau zu definieren, passende Messmethoden zu finden und den ersten Meilenstein festzulegen. In Phase zwei wird das Ganze dann in Form einer Mindmap-artigen Karte aufgearbeitet und visualisiert (vgl. http://www.wolter.biz/tag/impact-mapping/).

Beim Impact Mapping wird vor allem ein iteratives sowie agiles Arbeiten unterstützt, welches in vielen Unternehmen bereits zum Alltag gehört. Die graphische Herangehensweise fördert dabei die Entwicklung neuer Ideen (vgl. http://www.wolter.biz/tag/impact-mapping/

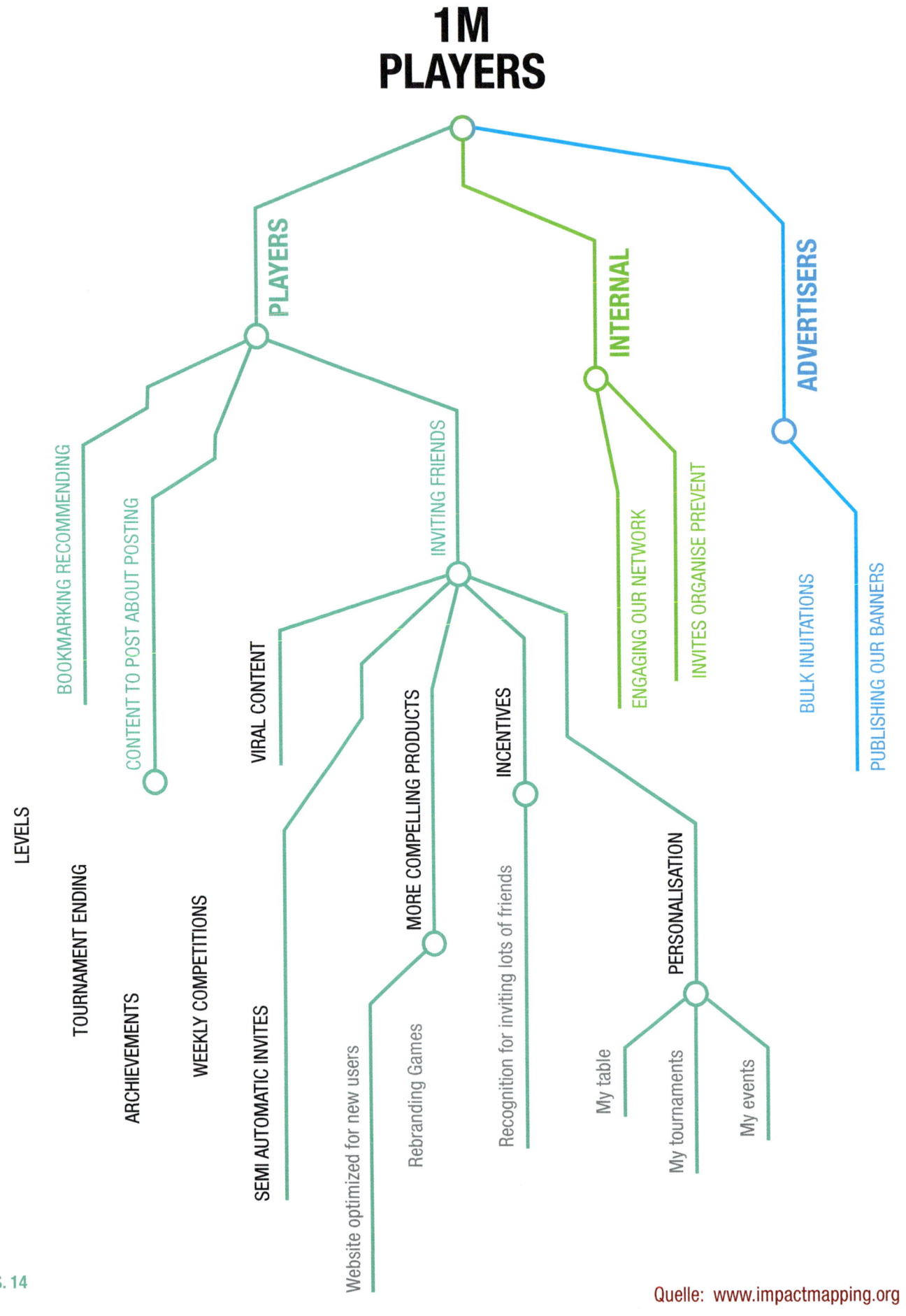

AGILES PROJEKTMANAGEMENT MIT SCRUM

Im vorliegenden Kapitel möchten wir die agile Projektentwicklung mit Scrum etwas näher beleuchten, wichtige Rollen und Tools sowie das Vorgehen in der Praxis kurz erläutern und auch auf das Thema Pricing und Kalkulation eingehen. Vorab möchten wir aber gleich noch mit einem Trugschluss aufräumen: Obwohl es bei Scrum keine ausufernde Konzeptphase gibt, bedeutet dies mitnichten, dass man planlos agiert. Genau das Gegenteil ist der Fall.
Aber lesen Sie einfach selbst...

Während man beim klassischen Entwicklungsansatz nach dem sog. Wasserfall-Modell im Vorfeld bereits detaillierte Anforderungen mit entsprechend genauen Arbeitsanweisungen für das gesamte Projekt zu leisten versucht, erhalten Scrum Teams ihre entsprechenden Zielvorgaben erst kurz vor der Implementierung und auch nur für das jeweilige Teilstück (Inkrement) der gesamt zu entwickelnden Software. Das hochqualifizierte und insgesamt interdisziplinäre Scrum Team bringt sich zudem in die Planung und konzeptionelle Weiterentwicklung der Software aktiv mit ein. Insofern kann auch der erste mögliche Trugschluss, Scrum sei „planlos", widerlegt werden. Bei Scrum wird lediglich die genaue Art der Umsetzung nicht vorgegeben, sondern im Team erarbeitet, wobei hier zum einen der gruppendynamische Prozess im Team vorteilhaft zum Tragen kommt und zum anderen natürlich auch laufende Erkenntnisse permanent in die Arbeit einfließen.

Der Scrum-Ansatz: Zerteilung komplexer und umfangreicher Entwicklung in kleine Teilprojekte (Inkremente), die nacheinander in sog. Sprints (Iterationen), die in der Regel zwei bis vier Wochen dauern, umgesetzt werden, und bei denen das Ziel die Auslieferung von funktionsfähigem und qualitativ hochwertigem Code darstellt.

Scrum akzeptiert dabei, dass der gesamte Entwicklungsprozess nicht vorherzusehen ist. Das oberste Ziel in einem Scrum-Projekt besteht darin, die bestmögliche Software unter Berücksichtigung der Kosten, der Funktionalität, der Zeit und der Qualität abzuliefern!

Dabei charakterisiert sich Scrum – insbesondere im direkten Vergleich mit klassischen Entwicklungsmethoden – durch die nachfolgenden drei Prinzipien:

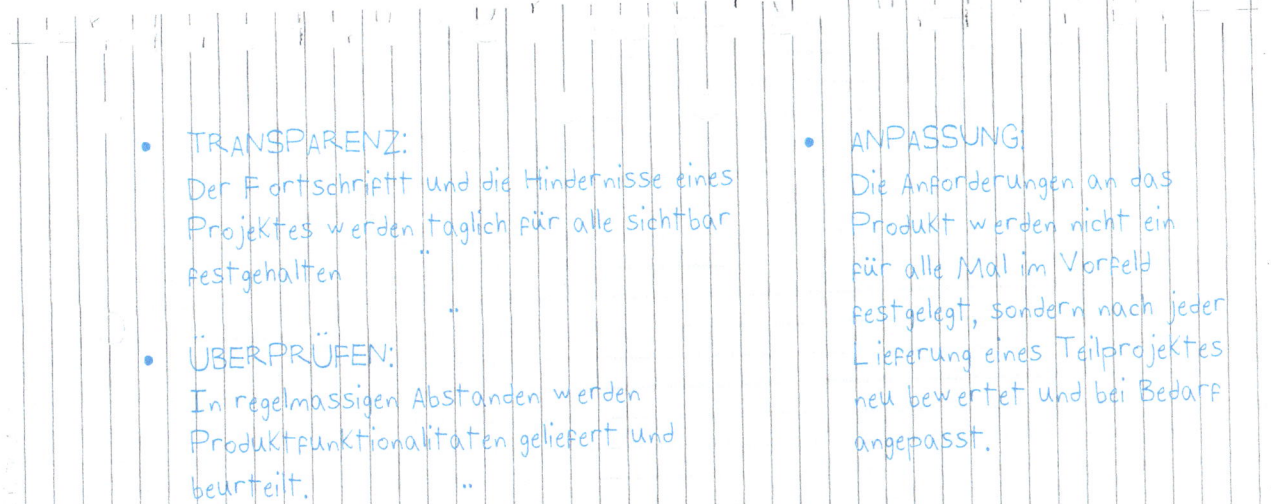

- **TRANSPARENZ:**
Der Fortschritt und die Hindernisse eines Projektes werden täglich für alle sichtbar festgehalten.

- **ÜBERPRÜFEN:**
In regelmässigen Abständen werden Produktfunktionalitäten geliefert und beurteilt.

- **ANPASSUNG:**
Die Anforderungen an das Produkt werden nicht ein für alle Mal im Vorfeld festgelegt, sondern nach jeder Lieferung eines Teilprojektes neu bewertet und bei Bedarf angepasst.

Im Jahre 2001 wurde von einigen IT-Vordenkern das mittlerweile berühmte „Agile Manifest" erstellt, das auf den nachfolgenden zwölf Prinzipien basiert und die Grundlage für verschiedene agile Projektmanagementansätze bildet:

› Unsere höchste Priorität ist es, den Kunden durch frühe und kontinuierliche Auslieferung wertvoller Software zufrieden zu stellen.

› Heiße Anforderungsänderungen selbst spät in der Entwicklung sind willkommen. Agile Prozesse nutzen Veränderungen zum Wettbewerbsvorteil des Kunden.

› Liefere funktionierende Software regelmäßig innerhalb weniger Wochen oder Monate und bevorzuge dabei die kürzere Zeitspanne.

› Fachexperten und Entwickler müssen während des Projektes täglich zusammenarbeiten.

› Errichte Projekte rund um motivierte Individuen. Gib ihnen das Umfeld und die Unterstützung, die sie benötigen, und vertraue darauf, dass sie die Aufgabe erledigen.

› Die effizienteste und effektivste Methode, Informationen an und innerhalb eines Entwicklungsteams zu übermitteln, ist im Gespräch von Angesicht zu Angesicht.

› Funktionierende Software ist das wichtigste Fortschrittsmaß.

› Agile Prozesse fördern nachhaltige Entwicklung. Die Auftraggeber, Entwickler und Benutzer sollten ein gleichmäßiges Tempo auf unbegrenzte Zeit halten können.

› Ständiges Augenmerk auf technische Exzellenz und gutes Design fördert Agilität.

› Einfachheit – die Kunst, die Menge nicht getaner Arbeit zu maximieren – ist essenziell.

› Die besten Architekturen, Anforderungen und Entwürfe entstehen durch selbstorganisierte Teams.

› In regelmäßigen Abständen reflektiert das Team, wie es effektiver werden kann und passt sein Verhalten entsprechend an.

Quelle: http://agilemanifesto.org/iso/de/principles.html

Das „Agile Manifest" führt außerdem die u. s. Werte auf, von denen die jeweils links stehenden in der agilen Softwareentwicklung eine besonders wichtige, d. h. größere Rolle spielen als die rechts davon stehenden.
Quelle: http://agilemanifesto.org

Während in der klassischen Entwicklung häufig isoliert entwickelt wird und jeder Entwickler sein „eigenes Süppchen" kocht, steht bei Scrum der Team-Gedanke im Vordergrund. So unterscheidet man innerhalb von Scrum drei klassische Rollen sowie drei dazugehörige Gruppen, die man jedoch auch aus anderen Entwicklungsansätzen kennt.

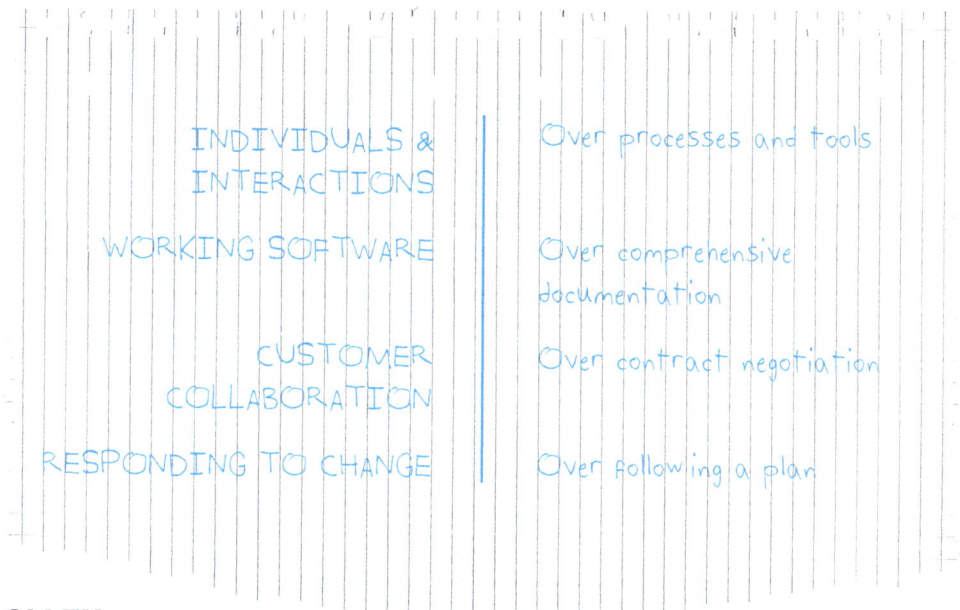

6.1. DIE SCRUM-ROLLEN

6.1.1. PRODUCT OWNER

Diese Rolle kann als verlängerter Arm des Kunden gesehen werden. Der Product Owner gibt die Anforderungen und die strategische Marschrichtung inkl. Priorisierung von Anforderungen bzw. Tasks vor. Diese werden als sog. User Stories in Abstimmung mit dem Entwicklungsteam im Product Backlog erfasst. Damit werden die gewünschten bzw. benötigten Funktionalitäten aus der Sicht des Users beschrieben.

Der Product Owner überprüft am Ende eines Sprints, ob die gelieferte Software die User Akzeptanz Kritierien erfüllt und verwendet werden kann. Entscheidungen des Product Owners sind verbindlich, denn er ist für das Endergebnis und die wirtschaftlichen Aspekte verantwortlich. Häufig wird der Product Owner vom Auftragnehmer gestellt und stellt die Brücke zwischen Kunde und dem restlichen Scrum Team dar.

6.1.2. SCRUM MASTER

Während der Product Owner für den Erfolg des Projekts zuständig ist, garantiert der Scrum Master für den Erfolg des Scrum-Prozesses. Dabei moderiert er die anfallenden Meetings und kümmert sich darum, dass etwaige Hemmnisse im Scrum-Prozess beseitigt werden.

Dazu zählen u. a. mangelnde Kommunikation oder Störungen von außen. Der Scrum Master arbeitet eng mit dem Entwicklungsteam zusammen und übernimmt dabei ausschließlich administrative Aufgaben, ohne konkrete Arbeitsanweisungen geben zu dürfen. Dabei agiert der Scrum Master als „Coach" innerhalb des Teams.

6.2. SCRUM MEETINGS

6.2.1. SPRINT PLANNING 1

Im sog. Sprint Planning 1 werden die Anforderungen dem Entwicklungsteam vom Product Owner vorgestellt. Einfach ausgedrückt erklärt der Product Owner dem Entwicklungsteam, was zu tun ist. Während dieses Meetings kann auch ein User, d.h. tatsächlicher Anwender der Software, dabei sein, der dem Team – zusammen mit dem Product Owner – erklären kann, wie er sich die entsprechenden Funktionalitäten vorstellt. Das Entwicklungsteam hat hier Zeit, sich mit den Anforderungen vertraut zu machen, etwaige Fragen zu klären und die Anforderungen auch wirklich zu verstehen. Im Sprint Planning 1 werden auch die Abnahmekriterien User Akzeptanz Kriterien für die einzelnen Stories definiert, die am Ende im sog. Sprint Review geprüft werden. Das Ziel eines jeden Sprints besteht in der Auslieferung gebrauchsfähiger und getesteter Software. Als zeitlicher Umfang für dieses Meeting können pro Sprint-Woche (in der Regel besteht ein Sprint aus 2-4 Wochen) 60 Minuten angesetzt werden. Die im Sprint Planning Meeting besprochenen Anforderungen werden im sog. Sprint-Backlog erfasst und dort überwacht.

6.2.2. SPRINT PLANNING 2

Im anschließenden Sprint Planning 2 klärt das Entwicklerteam dann eigenverantwortlich, wie die zuvor vorgestellten Anforderungen umgesetzt werden. Dabei werden die Anforderungen in sog. Tasks zerlegt, die normalerweise nicht länger als einen Tag dauern sollen. Die Tasks werden dann am sog. Taskboard angebracht, wodurch ein sehr schneller Überblick über den aktuellen Sprint, die dafür anstehenden Aufgaben und den jeweiligen Status möglich wird.

Auch für dieses Meeting sollten pro Sprint-Woche ca. 60 Minuten angesetzt werden.

6.2.3. DAILY SCRUM

› Während des Sprints trifft sich das Entwicklungsteam täglich zum sog. Daily Scrum. Darunter versteht man ein zwingend auf maximal 15 Minuten definiertes Meeting, bei dem das Team den aktuellen Stand der Entwicklung sowie die aktuellen und die zuletzt bearbeiteten Tasks sowie die für heute anstehenden Tasks bespricht. Konkret werden dabei die folgenden Fragestellungen im Team besprochen:

> WAS HAST DU GESTERN GETAN? "BIST DU GESTERN FERTIG GEWORDEN MIT DEM, WAS DU DIR VORGENOMMEN HAST?"

> WAS WIRST DU HEUTE TUN? "WELCHE AUFGABEN WIRST DU BIS ZUM NÄCHSTEN MEETING BEARBEITEN?"

> ALLES OK? "GIBT ES EIN PROBLEM, DAS DICH BEI DEINER ARBEIT BLOCKIERT / HINDERT?"

› Sollte sich herausstellen, dass einzelne Tasks z.B. nicht innerhalb eines Tages erledigt werden können, können diese auch in kleinere Aufgaben herunter gebrochen werden. Sollten sich Fragen oder Probleme ergeben, die innerhalb der 15 Minuten nicht geklärt werden können, ist es die Aufgabe des Scrum Masters, sich um diese Punkte zu kümmern. Diese Punkte werden vom Scrum Master dann im sog. Impediment Backlog erfasst und weiter bearbeitet. ›

6.2.4. SPRINT REVIEW

Am Ende eines Sprints erfolgt das sog. Sprint Review, bei dem das Entwicklungsteam dem Product Owner und vor allem auch dem User die aus den im Sprint Planning Meeting 1 definierten Anforderungen realisierte Softwarelösung vorstellt. Der Product Owner entscheidet dann anhand der vorab definierten Kriterien, ob das Ergebnis abgenommen werden kann oder nicht. Dabei besteht das Ziel in einem 100%-igen Erreichen des Zieles. Sollten bestimmte Anforderungen nicht ganz erfüllt sein, werden diese vom Product Owner als neue bzw. nochmalige User Story in das kommende Sprint Planning Meeting übernommen.
Gleiches gilt für neue Ideen oder Anforderungen, die sich während des Sprint Reviews ergeben.

6.2.5. RETROSPEKTIVE

Mit Abschluss des Sprint Reviews erfolgt ein ganz entscheidender Abschnitt im Rahmen eines Scrum-Projektes. Das Scrum-Team (Product Owner, Scrum Master, Entwicklungsteam) trifft sich geschlossen zur sog. Retrospektive, bei der etwaige Probleme, Learnings und Verbesserungsmöglichkeiten für den nachfolgenden Sprint diskutiert werden. Im Prinzip wird hier der vorangegangene Sprint nochmals kritisch hinterfragt und positive sowie negative Erkenntnisse werden notiert, mit dem Ziel, Verbesserungspotentiale für den neuen Sprint abzuleiten. Sofern es sich um Verbesserungen handelt, die das Team alleine betreffen, werden diese auch vom Team selbst gelöst. Etwaige andere Hemmnisse werden vom Scrum Master im sog. Impediment Backlog aufgenommen und vom ihm dann an den Product Owner zur Bewertung für den folgenden Sprint weitergegeben.

6.3. SPRINT

Im Rahmen eines Sprints, der eine Iteration von max. 4 Wochen darstellt, werden die im Sprint Planning besprochenen und am höchsten priorisierten Tasks (User Stories) erledigt. Während eines Sprints konzentriert sich das Entwicklungsteam also ausschließlich auf die in User Stories formulierten Anforderungen, auf die es sich im Sprint Planning committet hat.

Die Aufgabe des Scrum Masters besteht darin, etwaige Störfeuer oder Hemmnisse zu beseitigen, so dass sich das Team ausschließlich auf die Fertigstellung und Auslieferung funktionsfähiger Software konzentrieren kann. Der Scrum Master darf dabei keine Anweisungen an das Team erteilen, sondern unterstützt das Team lediglich dabei, das definierte Ziel zu erreichen.

Das zentrale Ziel eines Sprints ist es, ein Stück potentiell auslieferbarer Software zu liefern. Selbst wenn aus Zeitgründen oder aus Gründen unerwarteter Komplexität bestimmte Aspekte in einem Sprint nicht (wie vorgesehen) realisiert werden können, endet der Sprint dennoch gemäß Zeitplan – und muss dabei zwingend ein in sich abgeschlossenes, funktionierendes Stück Arbeit produzieren. So kann der Kunde nach jedem Sprint entscheiden, ob er das Teilstück des Gesamtprojekts evtl. schon produktiv einsetzen oder aber mehrere Teilstücke in ein Release bündeln und zu einem späteren Zeitpunkt online stellen möchte – der Geschäftswert für den Kunden steht bei Scrum also stets im Vordergrund.

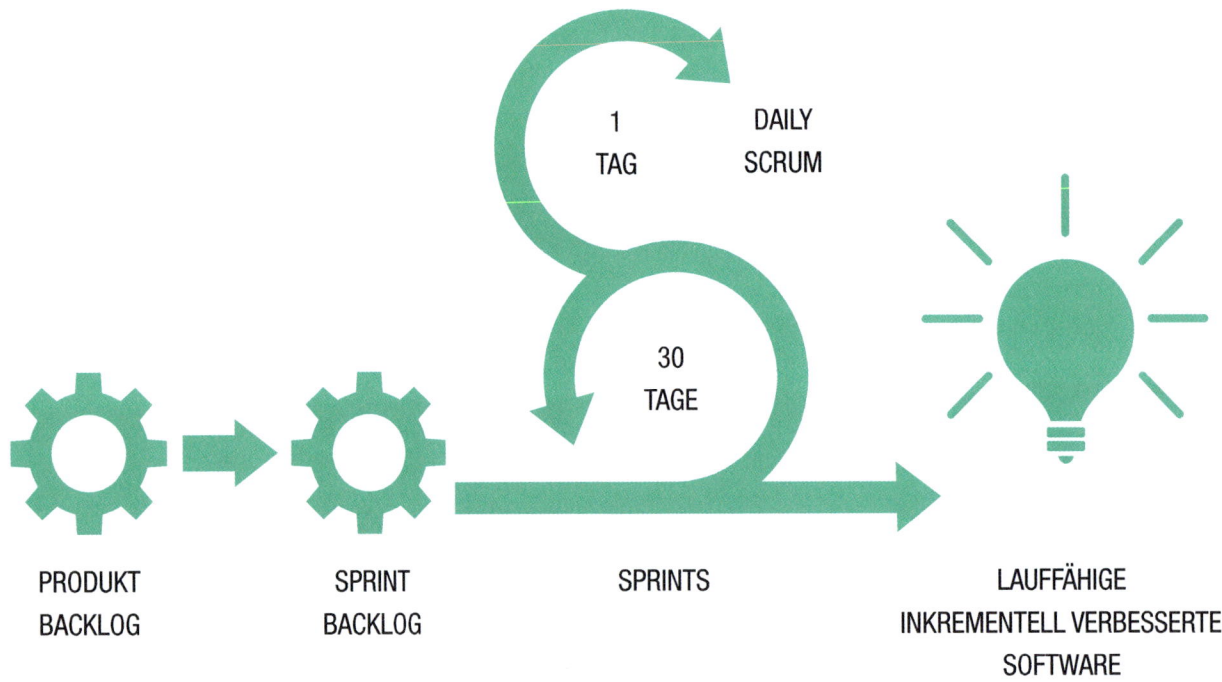

6.4. DIE SCRUM-ARTEFAKTE

6.4.1. SPRINT BACKLOG

Das Sprint Backlog ist eine Liste von Aufgaben, die vom Scrum Team definiert und während eines Sprints abgearbeitet wird. Die Aufgaben werden dabei täglich überarbeitet und aktualisiert. Durch das Sprint Backlog wird ein Projekt transparenter und es wird ein Überblick geschaffen, welches Team-Mitglied an welcher Aufgabe arbeitet und welche Tasks noch umgesetzt werden müssen. In diesem Zusammenhang wird ein Taskboard eingesetzt. Quelle: https://borisgloger.com/scrum/

Wikipedia erklärt den Sprint Backlog wie folgt:

„Das Sprint Backlog dient zur Übersicht der für einen Sprint zu erledigenden Aufgaben. Zu diesem Zweck kann ein Taskboard eingesetzt werden. Es besteht aus vier Spalten. In der ersten Spalte („Stories") werden die User Stories aufgehängt, für die sich das Entwicklungsteam zu diesem Sprint verpflichtet hat (in der vom Product Owner priorisierten Reihenfolge). Die drei weiteren Spalten enthalten die Aufgaben oder Tasks, die sich aus den einzelnen User Stories ergeben (und die im Sprint Planning 2 festgelegt worden sind). Je nach Bearbeitungsstand sind die Tasks entweder offen („Tasks to Do"), in Bearbeitung („Work in Progress") oder erledigt („Done"). Im Daily Scrum erklärt jedes Mitglied des Entwicklungsteams anhand des Taskboards, an welcher Aufgabe es am Vortag gearbeitet hat, und ob diese erledigt wurde. Tasks, die an einem Tag nicht beendet werden konnten, werden mit einem roten Punkt markiert. So können Hindernisse schnell identifiziert werden."

6.4.2. PRODUCT BACKLOG

Wie bereits erwähnt, werden die Anforderungen vom Product Owner im Product Backlog festgehalten. Unter dem Product Backlog versteht man eine priorisierte und rein nutzerorientierte Liste mit Anforderungen, die das zu entwickelnde Produkt berücksichtigen muss. Idealerweise erfolgt ein Eintrag in Form einer User Story als Antwort auf die Frage „Wer möchte was warum?" nach folgendem Muster:

„Als User x möchte ich Funktionalität y, damit ich Nutzen z habe."
Quelle: https://borisgloger.com/scrum/

6.4.3. IMPEDIMENT BACKLOG

Beim Impediment Backlog handelt es sich um eine Liste aller Blockaden, die einer effektiven, produktiven Arbeit des Teams im Weg stehen. Dieses Backlog wird bei den Scrum- Artefakten meist übersehen. Boris Gloger gibt in seinem Blog „10 Tipps zum richtigen Impediment Backlog", die von einem Scrum Master beachtet werden sollten.
Quelle: https://borisgloger.com/scrum/

10 TIPPS ZUM RICHTIGEN IMPEDIMENT BACKLOG

1. Hänge es öffentlich auf. Am besten im Gang, so dass es alle sehen können.

2. Schreibe aktive Sätze. z. B. "Wir benötigen eine bessere Kaffeemaschine."

3. Beim Formulieren der Sätze nicht beleidigen, aber auch nichts verschweigen.

4. Das Impediment Backlog sollte immer mindestens 10 Einträge vorweisen.

5. Denke daran, alle Bereiche der Verbesserung tatsächlich zu bearbeiten.

6. Mach es ordentlich: Es ist ein Ausdruck Eures Qualitätsbewusstseins, ob das Impediment Backlog ordentlich und gepflegt aussieht oder schlampig ist. Wir alle schließen von der Form auf den Inhalt: Unordentliche Charts = Schlampig programmierte Software.

7. Das Impediment Backlog muss sich verändern. Zeige durch Durchstreichen und Hinzufügen, dass auch DU als Scrum Master etwas tust.

8. Sage nicht: Der oder Die muss etwas tun, sondern DU als Scrum Master musst etwas tun.

9. Sprich das Backlog einmal in der Woche mit den anderen Scrum Mastern in deiner Organisation durch. Aktualisiere es mit den neuen Informationen.

10. Sprich das Backlog einmal in der Woche mit den anderen Scrum Mastern in deiner Organisation durch. Aktualisiere es mit den neuen Informationen.

6.4.4. BURNDOWN-DIAGRAMM

Der aktuelle Entwicklungsstand wird idealerweise in einem sog. Burndown-Diagramm dargestellt, auf dem auf der x-Achse der Zeitverlauf und auf der y-Achse die Tasks oder Storypoints eingetragen werden. Eine Diagonale von links oben nach rechts unten stellt dabei den optimalen Projektverlauf dar. Je nach Abweichung der aktuellen Burndown-Linie von der Diagonale kann sehr schnell beurteilt werden, ob das Entwicklungsteam in Time ist oder aktuell Verzögerungen bestehen, die bis zum Ende aufgeholt werden müssen. Da alle Projektbeteiligten, also auch der Kunde (!!!), Zugriff auf dieses Burndown-Diagramm haben, wird höchstmögliche Transparenz während der Implementierung gewährleistet. Dadurch lässt sich bei etwaigen „Ausreißern" auch frühzeitig gegensteuern bzw. es werden geeignete Gegenmaßnahmen ergriffen, um das Projekt wieder auf „Schiene" zu bringen.

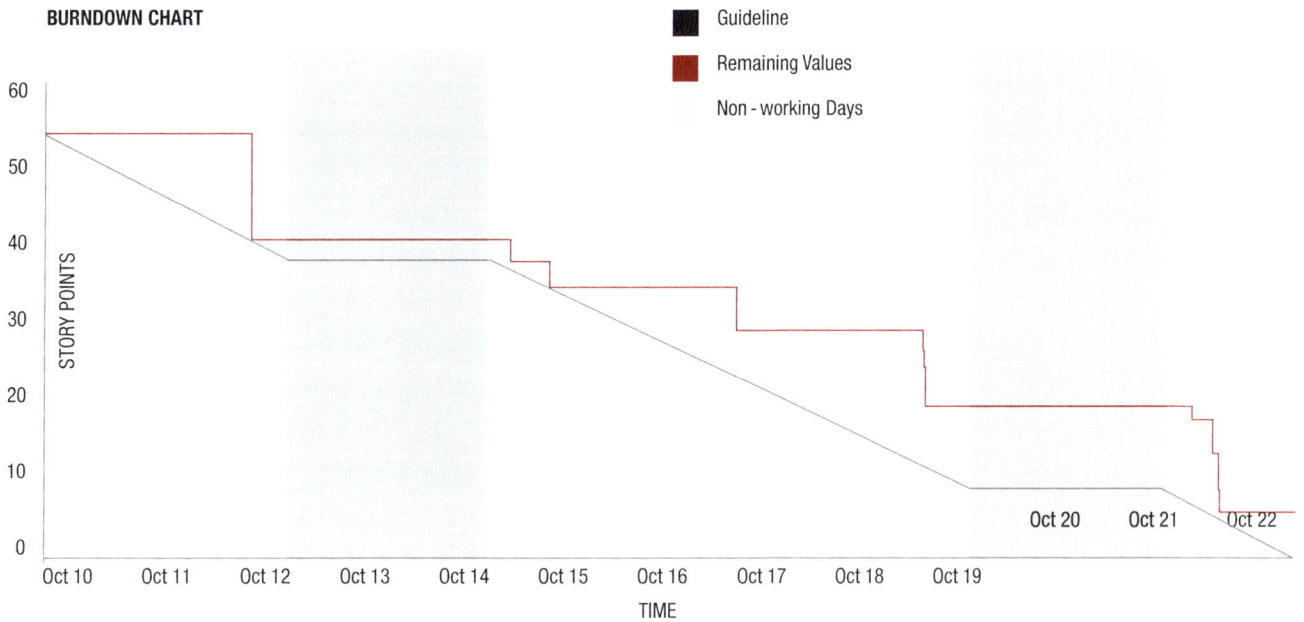

Quelle: Exemplarischer Burndown-Chart mit dem Projektmanagement-Tool JIRA / TechDivision

6.5. WELCHE VORTEILE BIETET SCRUM?

Die Vorteile der agilen Softwareentwicklung mit Scrum sind vielfältig. Zum einen ist es so, dass bei Scrum-Projekten die Flexibilität deutlich zunimmt, da man ein Großprojekt in kleinere Teilprojekte (Sprints) herunterbricht und diese einzeln und nacheinander realisiert. Nach jedem Teilprojekt erfolgt ein Review. Die Erkenntnisse fließen dann wieder in die nachfolgenden Teilprojekte ein. Damit können auch Änderungen am Markt oder neue Erkenntnisse und Ideen zum Produkt jederzeit aufgegriffen und in einem der kommenden Sprints berücksichtigt werden.

Ein ganz entscheidender Vorteil bei Scrum liegt auch im ausgeprägten Team-Gedanken. Anforderungen und Probleme werden im Team diskutiert und gelöst. Durch das cross functional Team und den gruppendynamischen Prozess ergeben sich vielfach bessere Endergebnisse. Darüber hinaus arbeiten selbstorganisierte Teams effektiver.

Einer der größten Vorteile von Scrum liegt in der höchstmöglichen Transparenz. Alle Projektbeteiligten haben durch Zugriff auf Backlogs, auf Burndown-Diagramme mit dem Projektfortschritt, den angefallenen

Projektzeiten sowie etwaige Hemmnisse zu jedem Zeitpunkt vollständige Transparenz auf den aktuellen Entwicklungsstand. Hier kann jeweils sehr zeitnah gegengesteuert werden, wodurch böse Überraschungen ausbleiben.

Durch die permanente Diskussion in der Gruppe sowie die Reflexion am Ende eines jeden Sprints wird ein kontinuierlicher Verbesserungsprozess gewährleistet, der sich sehr positiv auf die fachlichen Ergebnisse und auch auf die wirtschaftlichen Belange auswirkt. Aufgrund der „häppchenweisen" Realisierung arbeiten Entwickler konzentrierter und auch fokussierter. Durch das Arbeiten im Team und den dadurch gegebenen gegenseitigen Ansporn steigt die Motivation und die Arbeitsergebnisse werden besser.

6.6. DIE KOSTENKALKULATION IN SCRUM

Häufig wird vom Auftraggeber ein Fixpreis-Angebot gefordert, was in der Praxis ganz offensichtliche Mängel und Nachteile mit sich bringt: Zum einen lassen sich bestimmte Anforderungen und Features im Vorfeld häufig kaum vernünftig schätzen, da hier Erfahrungswerte und detaillierte Informationen fehlen. Zum anderen ist es bei dem überwiegenden Teil von IT-Projekten so, dass sich während der Implementierung mitunter weitreichende Änderungen ergeben. Entweder weil sich Anforderungen – z. B. aufgrund von geänderten Marktbedingungen – ändern oder weil sich herausstellt, dass die im Vorfeld geplanten Lösungsansätze – aus welchem Grund auch immer – sich in der Praxis so nicht umsetzen lassen. Das zieht zwei Probleme nach sich, die mitunter recht schwergewichtig sind und die die scheinbare Sicherheit eines Fixpreisangebotes für den Auftraggeber in einem anderen Licht erscheinen lassen.

Ein vernünftig agierender Dienstleister kalkuliert – und dies muss er aus wirtschaftlichen Gesichtspunkten auch – Unsicherheiten bzw. Unwägbarkeiten aufgrund von fehlenden Detailinformationen und Erfahrungswerten in sein Angebot mit ein, was für den Auftraggeber bedeuten kann, dass er für die gewünschte Leistung deutlich zu viel bezahlt.

Gerade Agenturleistungen sind dabei sehr preisgetrieben. Der Auftraggeber entscheidet sich daher möglicherweise für den vermeintlich günstigsten Anbieter. Machen wir uns hier aber nichts vor: Heutzutage hat niemand etwas zu verschenken. Genauso wenig wie Sie Ihre Produkte oder Dienstleistungen für wenig Geld abgeben, wird dies eine Agentur tun. Insofern erlebt man es auch recht häufig, dass der vermeintlich günstigste Anbieter den Zuschlag bekommt, dieser in der Umsetzung dann aber eben aus Budgetgründen entweder nicht sauber arbeitet, ein halbfertiges Produkt abliefert und/oder am Ende eine Nachkalkulation fordert, um seine Kalkulation „sauber" halten zu können. Dadurch kann das vermeintliche Schnäppchen schnell in einem Desaster enden. Im schlimmsten Fall geht es dann jedoch nicht mehr „nur" ums Geld, sondern möglicherweise auch ums Image und etwaige Schäden.

Aus unserer Sicht und aufgrund unserer 15-jährigen Erfahrung im Bereich Webentwicklung können wir mit nahezu 100%-iger Sicherheit feststellen, dass man bei Softwareprojekten seriöser- und richtigerweise im Vorfeld eigentlich nur Schätzungen abgeben kann, da hier einfach zu viele Unwägbarkeiten mitspielen, die nicht kalkulierbar sind. Insofern bietet ein Fixpreis-Angebot nur auf den allerersten Blick die vermeintliche Sicherheit für den Auftraggeber. Wie bereits ausgeführt, wird er die tatsächlichen Kosten – und diese werden sehr häufig höher ausfallen als das erste Angebot – anderweitig bezahlen, entweder unmittelbar in Form von Change Requests oder über Umwege, also etwa über Nachbesserungsmaßnahmen durch einen anderen Dienstleister aufgrund mangelnder Qualität bzw. nicht fertiggestellter Software. Darüber sollte man sich als Auftraggeber im Klaren sein: Die Rechnung wird kommen – so oder so!

Fairerweise muss man hier auch ganz klar erwähnen, dass es unter wirtschaftlichen Gesichtspunkten kaum möglich sein wird, bei einem komplexeren IT-Projekt ein Lasten- und Pflichtenheft in der Qualität zu erstellen, sodass es als richtige Basis für ein Fixpreisangebot verwendet werden kann. Der Aufwand hierfür wird am Markt kaum bezahlt werden, wodurch sich dann einmal mehr die Frage stellt, ob ein günstigeres „Alibi-Lasten- und Pflichtenheft" dann überhaupt Sinn macht.

Scrum ist insofern der für alle Beteiligten ehrlichste Ansatz. Ein Großprojekt wird in kleinere Teilprojekte zerlegt und dann einzeln geschätzt. Es wird auch nur das abgerechnet, was tatsächlich an Aufwand entstanden ist. Durch die vollständige Transparenz und Involvierung des Kunden in den Enwicklungsprozess hat dieser höchstmögliche Sicherheit und kann auch jederzeit reagieren, d. h., er kann bei sich abzeichnenden Budgetüberschreitungen jederzeit – auch in Abstimmung mit dem Scrum-Team – gegensteuern und im Notfall natürlich auch abbrechen. Hier hat er auch immer den Vorteil, dass bis dahin entwickelte Software oder Teile davon weiterverwendet werden können, da das Ziel von Scrum in der Bereitstellung von funktionsfähiger Software bzw. Softwareteilen besteht. Das bedeutet: Transparenz und Bezahlung nur für die tatsächlich erbrachte Leistung! Aus unserer Sicht ist dies der deutlich bessere und auf lange Sicht gesehen auch für alle Beteiligten der wirtschaftlichste Ansatz.

In der Praxis hat sich bewährt, dass das initiale Backlog mit auf hohem Abstraktionsniveau formulierten Anforderungen zusammen mit dem Kunden erstellt wird. Auf Basis der so erfassten Anforderungen kann eine erste Abschätzung der Aufwände erfolgen. Wir gehen dabei aufgrund der im Backlog erfassten Anforderungen von x Sprints á 2-4 Wochen mit x Personen aus. Durch diese Kalkulation kann der Projektumfang in einem sehr frühen Stadium bereits umrissen werden. Hier besteht für den Auftraggeber dann auch die Möglichkeit, die so ermittelten Werte zu deckeln oder einen niedrigeren Wert als Höchstgrenze für die Implementierung anzusetzen. Bei der Umsetzung wird dies dann entsprechend berücksichtigt. Grundsätzlich werden in der Folge nur die tatsächlich angefallenen Aufwände abgerechnet, wobei durch den jederzeitigen Zugriff auf die Projektmanagementtools diese Aufwände täglich eingesehen und überwacht werden können. Dadurch werden böse Überraschungen vermieden!

Insofern lässt sich mit Scrum – auch wenn dies nicht der eigentlichen Idee von Scrum entspricht – ein IT-Projekt auch mit einem vorab fixierten Budget realisieren. In diesem Fall wird, sofern das Budget für die gewünschten Features nicht ausreichen sollte, in Abstimmung mit dem Kunden die eine oder andere Funktionalität gestrichen oder angepasst, wodurch das definierte Projektbudget wieder gehalten werden kann und das ohne – und dies ist sicherlich ganz entscheidend – Kompromisse bei der Qualität eingehen zu müssen!

6.7. DIE GRÖSSTEN FEHLER IM SCRUM-PROZESS

Innerhalb eines Scrum-Projekts zeigen Retrospektiven schnell auf, wie die Effizienz und damit Performance des Teams weiter gesteigert werden kann. Dabei besteht allerdings auch die Gefahr, dass eigene Modifikationen – sogenannte ScrumButs – an Scrum vorgenommen und wichtige Elemente ausgeblendet werden. Meist wurde dann die Quintessenz von Scrum nur bedingt verstanden.

BEISPIELE FÜR SCRUMBUTS SIND:

Wir nutzen Scrum, aber wir …

… benötigen aufgrund unseres kleinen Teams keinen Scrum Master

… brauchen die Aufwandschätzung einzelner Aufgaben nicht

… verlängern einen Sprint, bis wir unser Ziel erreicht haben

… verzichten auf Retrospektiven

Quelle: http://t3n.de/magazin/praxisbericht-scrum-kanban-scrumbuts-agiles-232822/

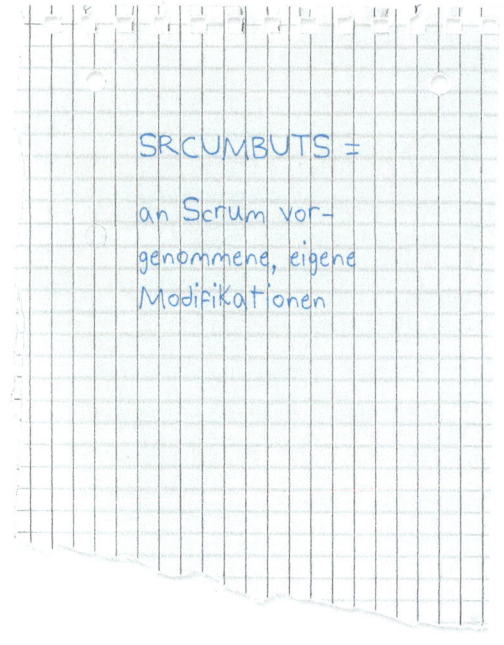

SRCUMBUTS = an Scrum vorgenommene, eigene Modifikationen

TIPPS & TRICKS – SO VERMEIDEN SIE SCRUM-FEHLER

KEINE UMFASSENDE PLANUNG / VORBEREITUNG
Bei Scrum sind exzessive Vorbereitungsphasen nicht notwendig. Stattdessen sollte versucht werden, möglichst schnell mit der Implementierung zu starten und ein permanentes Feedback in den Sprint Reviews zur Weiterentwicklung und Verbesserung zu nutzen. Sogar das Product Backlog kann bei Bedarf nach Beginn des ersten Sprints erst noch erstellt werden.

KEINE VERSTEIFUNG AUF TOOLS, DIE DEN SCRUM PROZESS VEREINFACHEN
Häufig wird versucht, im Vorfeld (bevor man Scrum wirklich verinnerlicht hat) entsprechende Softwaretools zu finden, die den Scrum-Prozess abbilden und vereinfachen. Zu Beginn reichen hier jedoch Stifte und Papier, da der Start damit genauso möglich und häufig gerade zu Beginn einfacher und schneller abbildbar ist.

DAILY SCRUM – KURZ UND KNACKIG!
Das tägliche Scrum Meeting darf nicht dazu dienen, größere Probleme oder Schwierigkeiten zu diskutieren und hier Lösungsansätze zu erarbeiten. Stattdessen sollte das Meeting möglichst kurz und „knackig" gehalten werden.
Problemdiskussionen sollten dann im Anschluss mit den relevanten Personen separat geführt werden. Der Scrum Master überwacht dabei die Diskussion und sorgt dafür, dass das Ganze möglichst zielgerichtet abläuft.

SELBSTSTÄNDIGES ARBEITEN
Scrum Teams arbeiten selbst organisierend und „besorgen" sich die Aufgaben eigenständig. Eine Zuweisung von Tasks ist nicht erforderlich und meist auch kontraproduktiv.

SCRUM MASTER ALS MITWIRKENDER
Der Scrum Master kann als Coach im Scrum Team bezeichnet werden, der dafür sorgt, dass der Scrum-Prozess möglichst reibungslos funktioniert und das Team sich vollständig auf die Implementierung konzentrieren kann. Eine aktive Mitarbeit im Projekt ist hier nicht förderlich und sollte in jedem Fall vermieden werden. Gleiches gilt für technische Vorgaben, die der Scrum Master unbedingt unterlassen sollte.

PRODUCT OWNER ALS KOMPETENTER ANSPRECHPARTNER
Als verlängerter Arm des Kunden muss der Product Owner in den Entwicklungsprozess und den aktuellen Stand der Entwicklung immer eingebunden und für das Team bei Fragen oder Unklarheiten auch jederzeit greifbar sein. Zudem sorgt er für die permanente Kommunikation mit dem Kunden.

KEINE VORGABEN „VON AUSSEN"
Ausschließlich das Team entscheidet, wie viele Tasks in einem Sprint abgearbeitet werden. Vorgaben „von außen" sollten hier unbedingt vermieden werden, um bestmögliche Qualität gewährleisten zu können.

KEINE ALLEINGÄNGE INNERHALB DES TEAMS
Scrum lebt vom Teamgedanken und der gemeinsamen Arbeit an einem Projekt. Die Teammitglieder sollten daher auf Alleingänge jeglicher Art verzichten und stattdessen ein möglichst umfassendes Wir-Gefühl entwickeln. Das Team gewinnt und verliert gemeinsam!

KLARE VERANTWORTLICHKEITEN
Der Product Owner ist für die Spezifikation der Anforderungen zuständig. Er beschreibt und „übersetzt", was am Ende erstellt werden muss. Die technische Umsetzung und die technologischen Ansätze obliegen jedoch einzig und allein dem Team.

KEINE UNTERBRECHUNGEN INNERHALB EINES SPRINTS

Sofern während des Sprints besonders dringende Themen auftauchen, sollte nach Möglichkeit versucht werden, diese nach dem Sprint anzugehen und den Sprint möglichst unverändert zu Ende zu führen. In besonders dringenden Fällen, sollte statt einer Änderung innerhalb des Sprints der komplette Sprint abgebrochen werden.

TEAMMITGLIEDER ENTSCHEIDEN NICHT SELBST ÜBER ANFORDERUNGEN

Der Product Owner ist als Produktverantwortlicher für die Ausgestaltung des Produktes und das Endergebnis verantwortlich. Er entscheidet auch alleine über Anforderungen und Besonderheiten. Teammitglieder müssen sich bei Fragen im Vorfeld mit dem PO abstimmen und dürfen hier nicht eigenständig Entscheidungen treffen, die über technische Ansätze hinausgehen.

ZIELORIENTIERTES VORGEHEN

Zu Beginn eines Sprints werden entsprechende Sprintziele definiert, die zwingend eingehalten und während des gesamten Sprints überwacht werden müssen. Anhand von sog. Burndown-Charts kann der Projektverlauf täglich mitverfolgt werden. Am Ende eines Sprints muss eine funktionsfähige und getestete Software ausgeliefert werden, bei der im Zweifelsfall lieber ein Feature weggelassen wird. Die fertig gestellten Funktionen müssen jedoch möglichst fehlerfrei funktionieren, so dass damit ein „Go Live" jederzeit möglich wäre.

KOMPRIMIERTE TEAMS

Da bei Scrum das Team im Vordergrund steht und hier der Teamgedanke über allem schwebt, sollte das Team auch möglichst in einem Raum sitzen um die Kommunikation und das Wir-Gefühl optimal zu unterstützen. Verteilte Scrum-Teams funktionieren zwar grundsätzlich auch, am meisten kann jedoch von komprimierten Teams profitiert werden.

ÄNDERUNGEN DES SCRUM TEAMS VERMEIDEN

Wie bereits mehrfach erwähnt, entfaltet Scrum seine Stärken im Team und mit laufender Zusammenarbeit der Team-Mitglieder. Insofern sollte während eines Scrum-Projektes eine Änderung am Scrum Team unbedingt vermieden werden. Insbesondere durch Kontinuität kann sich ein Scrum Team laufend verbessern und die Arbeit im Team permanent optimieren.

AUGENMERK AUF QUALITÄT

Eigenverantwortlichkeit sowie das Thema „Auslieferbare Software" steht bei Scrum im Vordergrund. Dies bedeutet nichts anderes, als dass die gelieferten Ergebnisse während des Sprints entsprechend getestet und optimiert werden um ein bestmögliches und finales Ergebnis abzuliefern. Dies muss vom Team im Rahmen des Sprint-Plannings berücksichtigt werden, damit die implementierten Features auch noch ausreichend getestet werden können. Separate Test-Teams sind bei Scrum nicht vorgesehen, da die Ergebnisse dies nicht erforderlich machen.

6.8. ÜBERSICHT DER VOR- UND NACHTEILE VON SCRUM

VORTEILE

- Höchstmögliche Flexibilität durch jederzeitige Änderung und Priorisierung von Anforderungen
- Frühzeitige Ergebnisse & funktionsfähige Teilprojekte
- Verbesserung in der Time to Market
- Erhöhung der Kommunikation im Team und dadurch Verbesserungspotentiale
- Größtmögliche Transparenz für alle Projektbeteiligten
- Realistische und genaue Aufwandsschätzungen im Team
- Frühzeitiges Erkennen von Problemen mit entsprechenden Handlungsmöglichkeiten
- Verbesserung der Qualität durch konseqentes Teamwork
- Fixe Termine

NACHTEILE

- Erhöhter Kommunikations- und Abstimmungsaufwand
- Ggf. Unklarheiten bei Zuständigkeiten von interdisziplinären Themen
- Möglichkeiten zur Verzettelung im Detail bei unerfahrenen Teams
- Verschlechterung der Effizienz durch fehlende Beseitigung bekannter Probleme aus den Reviews
- Ggf. müssen Unternehmensstrukturen geändert werden, damit das Team sebstorganisiert arbeiten kann und die notwendige Unterstützung erhält.

Was aus unserer Sicht noch besonders herauszustellen ist: Auch mit Scrum ist man vor Sackgassen in einem IT-Projekt nicht geschützt, man erkennt diese in der Regel jedoch deutlich schneller und kann dementsprechend frühzeitig reagieren. Insofern eignet sich Scrum immer dann ganz besonders gut, wenn bereits zu Beginn des Projektes bei einer Vielzahl von Punkten noch Klärungsbedarf besteht, gewisse Unsicherheiten vorhanden sind bzw. bereits im Vorfeld zu erkennen ist, dass es hier noch zu diversen Änderungen und Anpassungen im Projektverlauf kommen kann bzw. wird.

Die Grundlagen von Scrum und Kanban sind zwar einfach zu verstehen, eine disziplinierte Umsetzung ist jedoch meist nicht so einfach zu erzielen. In diesem Zusammenhang lohnt es sich meist, auf Scrum-Experten – bei TechDivision arbeiten u. a. vier Certified Scrum Professionals – zurückzugreifen, die Team und Kunden schulen und so eine reibungslose Projektabwicklung garantieren. Scrum ist dabei weitaus mehr als „nur" ein Framework für Software- bzw. Produktentwicklung. Scrum ist vielmehr ein Paradigmenwechsel, der sowohl vom Kunden als auch vom Team ein Umdenken voraussetzt.

6.9. ZUSAMMENFASSUNG: SCRUM

Simon Baker hat vor längerer Zeit zum Thema Festpreisprojekte folgendes geschrieben:

„To say how much something will cost, you need to know in great detail exactly what needs to be built so that your estimates for the work can be accurate. But you can´t define everything you want, in detail and up front, and get it exactly right so there will be no changes in the future. And no estimate is ever accurate (it wouldn´t be an estimate if it was). […] Don´t base the contract with your vendor on conformance to a detailed requirements specification. If you do, you´re saying all your good ideas happen at the start of a project and you´re effectively betting all your money on a hole-in-one..."
Quelle: https://www.energizedwork.com/weblog/2007/05/fixed-price-contracts-dont-work

Das nachfolgende Video zeigt in knapp 5 Minuten nochmals die wesentlichen Elemente sowie die Vorgehensweise bei Scrum.

„WAS IST SCRUM?" VON BORIS GLOGER
5:36
> borisgloger consulting GmbH

Watch the Video

Aus unserer Sicht bleibt für Auftraggeber nur die Empfehlung, sich beim nächsten Projekt einmal auf das Thema Scrum einzulassen. Auch ein Festpreisangebot schützt den Auftraggeber nicht vor etwaigen Risiken und damit verbundenen Mehraufwänden, die dann vielleicht zwar nicht sofort zu Buche schlagen, zu einem späteren Zeitpunkt aber in nahezu allen Fällen zum Tragen kommen. Bei Scrum steht nicht ein fixer Preis für vorab genauestens definierte Features im Vordergrund, sondern die termingerechte Auslieferung bestmöglicher und funktionierender Software, die die definierten Anforderungen erfüllen muss. Bei der Umsetzung bestehen hier mehr Freiheiten – was jedoch keinesfalls mit mangelnder Qualität gleichzusetzen ist.

AGILES PROJEKTMANAGEMENT MIT KANBAN

„Kanban ist eine Methode der Produktionsprozesssteuerung. Das Vorgehen orientiert sich ausschließlich am tatsächlichen Verbrauch von Materialien am Bereitstellungs- und Verbrauchsort. Kanban ermöglicht ein Reduzieren der lokalen Bestände von Vorprodukten in und nahe der Produktion, die dort in Produkten der nächsten Integrationsstufe verbaut werden."

Quelle: http://de.wikipedia.org/wiki/Kanban

7.1. ZUR GESCHICHTE VON KANBAN

Das Wort Kanban stammt aus dem Japanischen und bedeutet so viel wie „Karte", „Tafel" oder „Beleg". Das Prinzip ist auch unter Hol-, Zurufprinzip oder Pull-Prinzip bekannt. Das ursprüngliche Kanban wurde bereits 1947 von Taichi Ohno entwickelt, der mit dem System auf die mangelnde Produktivität bei Toyota Motor Corporation im Vergleich zur amerikanischen Konkurrenz reagierte. Seine Idee war es dabei, die Produktion nach dem Supermarkt-Prinzip zu gestalten und zu organisieren: Sobald ein Verbraucher etwas aus dem Regal nimmt, wird dieses sofort wieder aufgefüllt.

Das Kanban-Prinzip ist auch als eine Reaktion auf die Bedürfnisse der Kunden zu sehen, die neue Anforderungen an die Produktionsgeschwindigkeit, Lieferbereitschaft und Zuliefererbeziehungen haben. Das Kanban-Verfahren ersetzte dabei bisherige Produktionsverfahren und wurde von zahlreichen japanischen Unternehmen, darunter auch Toyota, eingeführt. In den 70er Jahren wurde das System auch in Deutschland und in den USA adaptiert.
vgl. http://de.wikipedia.org/wiki/Kanban#Historische_Entwicklung

7.2. KANBAN IN DER SOFTWAREENTWICKLUNG

David J. Andersson überarbeitete die Grundidee von Kanban und passte diese vor allem hinsichtlich der Bedürfnisse in der Softwareentwicklung an. Ergebnis ist ein evolutionäres Vorgehen, bei dem kontinuierlich Arbeitsweisen verbessert und optimiert werden. In diesem Zusammenhang wird dabei immer von der gegenwärtigen Situation ausgegangen. Einen Kanban-Sollzustand gibt es dabei nicht. Kanban-Teams halten sich vielmehr an folgende grundlegende Prinzipien:

› Visualisierung des Arbeitsflusses und der Arbeit

› Limitierung des WIP (WIP = Work In Progress, in Ausführung befindliche Arbeit)

› Steuerung und Messung des Arbeitsflusses

› Prozessregeln explizit machen

› Verbesserung durch bewährte Modelle und wissenschaftliche Methoden

Quelle: www.heise.de/developer/artikel/Software-Kanban-im-Einsatz-1235465.html

ZIEL IST ES DURCH KANBAN MECHANISMEN IM SYSTEM ZU IMPLEMENTIEREN, DIE LAUFENDE VERBESSERUNGEN UND VERÄNDERUNGEN ERLAUBEN. IM LAUFE DES PROZESSES KÖNNEN SICH SO DIE TEAMMITGLIEDER EINBRINGEN UND OPTIMIERUNGEN DES WORKFLOWS VORNEHMEN. DIESBEZÜGLICH MUSS ERST EINMAL DER KAIZEN-GEDANKE IN DIE KÖPFE DER MENSCHEN GEBRACHT WERDEN. DABEI MÜSSEN VERÄNDERUNGEN NICHT AM MENSCHEN, SONDERN DURCH DEN MENSCHEN PASSIEREN.

7.3. KANBAN IN PROJEKTEN

Kanban und Scrum finden ihren Einsatz in unterschiedlichen Projekten. Bei Kanban handelt es sich im Gegensatz zu Scrum um eine Vorgehensweise, die einen kontinuierlichen Arbeitsfluss garantieren soll. In diesem Zusammenhang werden alle anstehenden Aufgaben und Abläufe mit Hilfe eines Boards, das in Zeilen und Spalten aufgeteilt ist, visualisiert. Auf dem Board finden sich die Aufgaben in Form von Tickets wider. Jede Spalte repräsentiert dabei einen Arbeitsschritt und das Projektteam kann jederzeit den Status einer Aufgabe einsehen. In diesem Zusammenhang gibt es ein Limit an parallel laufenden Aufgaben. Ziel dabei ist es, das Team nicht mit unterschiedlichen Aufgaben zu überhäufen, sondern ein konzentriertes Arbeiten an einem Task zu ermöglichen („Limit work in progress"). So ist ein gleichmäßiges Bearbeiten von Tickets ohne lange Wartezeiten oder Blockaden gewährleistet. Ein zentraler Aspekt ist dabei der Flow-Gedanke. Kanban visualisiert somit den aktuellen Prozess, ändert diesen aber zunächst nicht.

Kanban gilt als eine agile Methode, um Change Management evolutionär durchführen zu können. Dabei werden bestehende Prozesse schrittweise optimiert und verbessert. Durch die Änderung kleinerer Aspekte wird das Risiko für jede einzelne Maßnahme verringert. Ein Vorteil von Kanban ist auch der geringere Widerstand bei den Beteiligten. (vgl. http://www.it- agile.de/wissen/methoden/kanban/)

7.4. SO FUNKTIONIERT KANBAN

Eine wichtige Aufgabe von Kanban ist es, vorhandene Probleme und Arbeiten darzustellen und zu visualisieren. In diesem Zusammenhang spielt das sogenannte Kanban-Board eine wichtige Rolle, welches beispielsweise aus einem Whiteboard, Karteikarten oder Haftnotizen bestehen kann. Jede Aufgabe wird dabei durch eine Karte, etc., präsentiert. Der Vorteil dieser Vorgehensweise ist eine erhöhte Transparenz bei der Bearbeitung von Projekten.

Quelle: https://www.it-agile.de/wissen/einstieg-und-ueberblick/kanban/

Kanban orientiert sich dabei an Lean- Prinzipien und basiert auf dem Pull-Prinzip (Hol-Prinzip), bei dem die anfallende Arbeit nicht von einem Vorgesetzten verteilt wird, sondern die Arbeiter bzw. Teammitglieder sich selbstständig ihre Arbeit holen. Diese wird auf sog. Kanban-Karten am Kanban-Board hinterlegt.

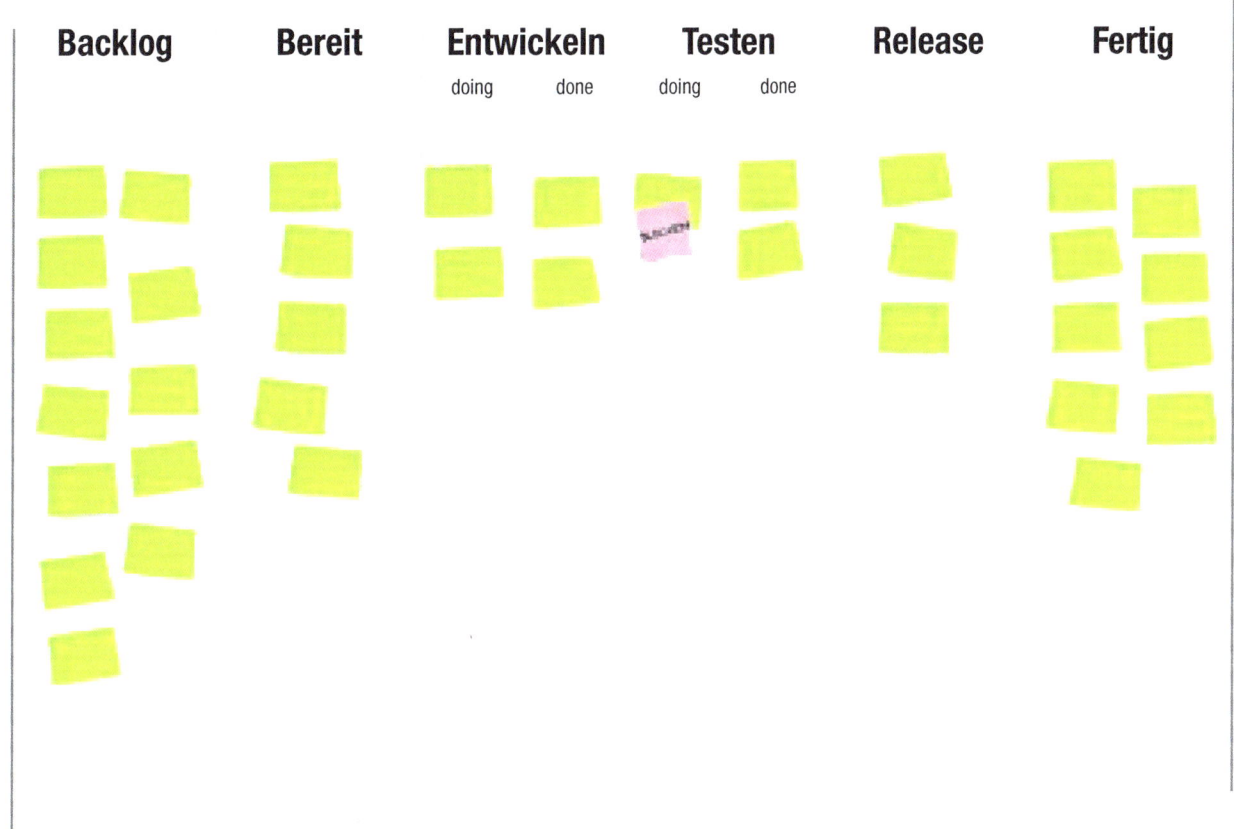

Die Tasks wandern dabei von links nach rechts bis sie in der Spalte „Fertig" angekommen sind. Die Spalten können dabei mit den jeweiligen Anforderungen abgestimmt werden.

Kanban gibt relativ wenig Vorgaben und ist somit stark an die jeweils individuellen Bedürfnisse im Bezug auf Entwicklungsprozesse, Rollen, Releaseplanungen, etc. anpassbar.

Der Work in Progress – die Anzahl an parallel laufenden Tasks – wird dabei begrenzt, um Multitasking zu reduzieren und Aufgaben zielgerichteter erledigen zu können. Im Mittelpunkt von Kanban steht dabei das Flow-Prinzip. Tickets sollen so gleichmäßig und in möglichst kurzer Zeit durch das System gleiten.
http://www.it-agile.de/wissen/methoden/kanban/

Nachfolgendes Video beschreibt in wenigen Minuten die wesentlichen Ideen und Ansätze für Kanban im IT-Umfeld:

„AGILE PROJECT MANAGEMENT WITH KANBAN"
VON ERIC BRECHNER
1:04:30
> Talks at Google

Watch the Video

7.5. VORTEILE VON KANBAN IM ÜBERBLICK

Kanban lässt sich in verschiedenen Bereichen einsetzen und es können sowohl kleine Agenturen und Startups, als auch traditionelle Mittelständler, größere Web-Plattformen sowie internationale Unternehmen von dem Prinzip profitieren.

TRANSPARENZ
Durch die Darstellung von Problemen und Arbeiten auf dem Kanban-Board wird eine bessere Übersicht über den Projektfortschritt geschaffen und es können dabei akute Probleme besser identifiziert werden.

VIELSEITIGER EINSATZ
Kanban lässt sich nicht nur in der reinen Softwareentwicklung einsetzen. Das Prinzip ist auch in anderen Bereichen wie beispielsweise bei der Wartung, Systemadministration, Marketing oder dem Vertrieb zielführend und effektiv umsetzbar.

SCHNELLE BEARBEITUNG VON TASKS
Die Bearbeitung der limitierten Anzahl von Tickets führt zu kürzeren Durchlaufzeiten der Arbeitspakete.

SCHNELLE EINFÜHRUNG
Die Einführung von Kanban ist erfahrungsgemäß mit wenig Widerstand verbunden. Kanban an sich ist dabei leicht verständlich und für alle Beteiligten nachvollziehbar.
Quelle: www.it-agile.de/wissen/methoden/kanban/

7.6. KONSENS – DIE BASIS DES KANBAN-CHANGE

Veränderungen anzuordnen ist meist nicht besonders zielführend und erfolgreich. Genauso wenig machen Entscheidungen Sinn, die ein Team vor vollendete Tatsachen stellen. Das Prinzip Kanban fokussiert vor allem einen gemeinsamen Pfad und legt Wert auf gemeinsame Entscheidungen, die für Team, Management und weitere Stakeholder nachhaltige Vorteile mit sich bringen. Ziel ist eine „Win-Win-Win-Stituation". Im besten Fall durchlaufen dabei alle beteiligten Parteien drei Phasen im Veränderungsprozess.
vgl. www.heise.de/developer/artikel/Kanban-richtig-einfuehren- 1344554.html?artikelseite=2

› Sondierung: Allen Beteiligten ist bewusst, dass eine Änderung notwendig ist

› Engagement: Entwicklung einer gemeinsamen Vision sowie Definition von Tasks und messbaren Zielen für den Change Prozess

› Durchführung: Umsetzung der Vision step-by-step und Beurteilung nach den vereinbarten Kriterien

Ein häufiges Problem in der Praxis ist, dass die ersten beiden Punkte übersprungen werden und dadurch Veränderungsprojekte schließlich scheitern.

7.7. SIEBEN SCHRITTE FÜR ERFOLGREICHES KANBAN

1. DEFINITION VON AUFGABEN
Im ersten Schritt erscheint es sinnvoll, dass ein oder mehrere Teams genau definieren, an welcher Wertschöpfungskette sie sich befinden. Welche Aufgaben fallen für die jeweiligen Teams an? Wer hat welche Verantwortung?

2. DARSTELLUNG DES WORKFLOWS
Arbeitsweisen werden in Form eines Kanban-Boards visualisiert und präsentiert. Hier spielt das Team eine wichtige Rolle, welches die Kapazitäten auf die einzelnen Arbeitstypen einteilt. Der Vorteil dabei ist, dass sich der Arbeitsfluss gezielt steuern lässt, da hinter jedem Task ein gewisser Arbeitsaufwand und Bedarf stehen. So müssen beispielsweise Bugs sofort bearbeitet werden.

3. LAUFENDE TASKS BEGRENZEN
Wie bereits erwähnt, wird die Anzahl parallel laufender Arbeiten pro Arbeitsschritt begrenzt, um einen effektiven Workflow garantieren zu können. Anhand des Boards kann so visualisiert werden, wo gerade Engpässe bestehen oder der Arbeitsfluss ins Stocken gerät. Allerdings funktioniert das Work in Progress Prinzip nur dann, wenn Team, Management und Stakeholder an einem Strang ziehen. Wie hoch das WIP-Limit anfangs gesetzt wird, ist zunächst eine Gefühlsentscheidung. Wichtig ist dabei nur, dass man in einem Pull-System arbeitet. Ziel ist es, eine Balance zwischen der operativen Arbeit, Zeit für Fehlerkennungen sowie Problemlösungen halten zu können.

4. SERVICEKLASSEN
Aufgaben haben unterschiedliche Prioritäten und müssen daher differenziert und mit entsprechenden Kapazitäten behandelt werden. Serviceklassen betrachten dabei u. a. die „Cost of Delay". Damit sind die Auswirkungen auf den wirtschaftlichen Erfolg eines Unternehmens gemeint. Hier spielt jedoch nicht nur Geld eine Rolle, sondern auch Reputation, Kundenzufriedenheit, etc. Wie die Serviceklassen benannt werden ist unternehmensspezifisch. Eine Möglichkeit wäre beispielsweise in „beschleunigt", „fester Liefertermin", „Standard", etc., zu unterscheiden. Im Zusammenhang mit der Benennung von Klassen erscheint es wichtig, Zeit-Impact-Zusammenhänge in jedem Business näher zu betrachten.

5. AUFSTELLEN VON REGELN
In diesem Schritt ist es wichtig, dass sämtliche Serviceklassen mit gewissen Regeln und Kapazitäten hinterlegt werden. Diesbezüglich muss klar definiert werden wie viele Aufgaben aus welcher Serviceklasse höchstens in Arbeit sein dürfen und wie die Vorgehensweisen des Teams bei neu eingestellten Aufgaben sind.

6. MESSUNG DER ZIELE
Zur Messung der Ziele werden nicht einzelne Mitarbeiter bewertet, sondern immer das System. Bei der Messung ist es dabei nicht wichtig, auf die Kommastelle genau zu analysieren. „Frei nach Russell Ackoff ist es besser, diejenigen Dinge unscharf zu messen, die wirklich zu messen sind, als Dinge hochgenau zu analysieren, die einen nicht wirklich weiterbringen."

7. IMPLEMENTIERUNG IM BETRIEB

Im letzten Schritt ist es vor allem wichtig, den „Zu- und Abfluss" der Arbeit zu definieren, um den Kanban-Prozess vorwärts zu bringen. In diesem Zusammenhang wird festgelegt, wie Tickets auf dem Board landen. Diese Fragen werden in „Queue Replenishment Meetings" besprochen, bei dem Stakeholder und Team festlegen, welche Aufgaben als nächstes erledigt werden. Dabei rücken in der Praxis vor allem die Interessen des Gesamtunternehmens in den Vordergrund. Die Aufgabe des Entwickler-Teams besteht dabei darin, technische Entscheidungen zu treffen, während das Management den unternehmerischen Kontext miteinfließen lässt. Beim sogenannten Daily Standup behandelt das Team täglich seine Fragen zu seiner Arbeit und diskutiert dabei Engpässe und mögliche Probleme. Vor allem am Anfang sind wöchentliche Team-Retrospektiven unabdinglich. Der Vorteil dabei ist, dass das Team Ergebnisse einer Woche nochmals Revue passieren lassen kann, um genauer klären zu können, wo Veränderungsbedarf besteht. Bei der Zusammenarbeit mehrerer Teams empfiehlt sich ein Operations Review, welches übergreifende Probleme und Zusammenhänge fokussiert.

Quelle: www.heise.de/developer/artikel/Kanban-richtig-einfuehren- 1344554.html?artikelseite=3

KANBAN VS. SCRUM

Kanban hat sich vor allem bei projektübergreifenden Teams, bei kontinuierlichen, schlecht planbaren Aufgaben und kleineren Projekten, die sich nicht in Iterationen teilen lassen, bewährt und führt zu einem optimierten Workflow. Bei größeren, komplexen und langfristig angelegten Projekten eignet sich Scrum besser.

Sowohl Scrum als auch Kanban sind schlanke (lean) und agile Projektmanagementansätze, die einiges gemeinsam haben, sich in bestimmten Punkten aber grundlegend unterscheiden. Nachfolgend möchten wir die Gemeinsamkeiten und Unterschiede nochmals kurz darstellen:

› Beide Ansätze sind Lean und agil.

› Beide Methoden setzen das Pull-Prinzip ein.

› Bei beiden wird die Arbeit aufgeteilt.

› Beide Ansätze begrenzen die Work-In-Progress (WIP).

› Bei beiden steht höchstmögliche Transparenz an oberster Stelle.

› Bei beiden besteht das Ziel darin, möglichst schnell funktionsfähige und auslieferbare Software zu generieren.

› Bei beiden steht der Flow im Vordergrund. Teams organisieren sich dabei selbst.

› Bei beiden wird der Releaseplan auf Basis empirischer Daten (Geschwindigkeit und Durchlaufzeit) kontinuierlich verbessert.

Quelle: www.t3n.de/magazin/praxisbericht-scrum-kanban-scrumbuts-agiles-232822/2/

LEAN

Lean-Prinzipien stammen aus der japanischen Automobilindustrie. Dabei besteht das oberste Ziel darin, die nachfolgenden drei Arten der Verschwendung möglichst zu verringern bzw. zu unterbinden

› Muda – Arbeit, die dem Produkt keinen Wert hinzufügt
› Muri – Überlastung von Maschinen und Mitarbeitern
› Mura – Unregelmäßigkeit der Prozesse

Eines muss beim Einsatz von Lean-Methoden – egal ob Scrum oder Kanban – jedoch immer bedacht werden: Durch diese Ansätze und Prozesse werden entsprechende Vorgaben – eine Art Framework – bereitgestellt. Die Umsetzung dieser Vorgaben kann jedoch nur durch den Mensch unter Berücksichtigung entsprechender Disziplin, Kommunikation und Motivation erfolgen, wodurch die genannten Verschwendungsarten unterbunden werden können. Eine grundlegende Garantie für den Projekterfolg stellen agile Methoden aber nicht dar.

8.1. VORGABEN BEI KANBAN

Bei Kanban gibt es im Prinzip nur zwei wesentliche Vorgaben. Ansonsten bestehen hier sehr große Flexibilität sowie entsprechender Gestaltungsspielraum, mit dem sich Kanban an die individuellen Bedürfnisse anpassen lässt.

1. **Visualisierung des Workflows**
2. **Limitierung des Work-In-Progress (WIP)**

8.2. VORGABEN BEI SCRUM

Im Vergleich zu Kanban geht Scrum deutlich restriktiver vor und stellt hier klarere Vorgaben und Regeln auf. Wichtig dabei ist, dass das Team die einzige Rolle in Scrum darstellt, die mit mehreren Personen besetzt ist. Eine der zentralen Vorgaben, mit denen alle wesentlichen Punkte bei Scrum definiert werden, ist die sog. „3x3-Regel":

DREI ZEREMONIEN

Daily Scrum – die tägliche Einsatzbesprechung

Sprint Planung – Planung eines Arbeitszyklusses (Sprint)

Sprint Review – der Abschluss eines Sprints und die Abnahme des entsprechenden Arbeitspaketes

DREI ARTEFAKTE

Product Backlog – eine priorisierte Liste aller Anforderungen

Sprint Backlog – eine Liste von Aufgaben zur Erfüllung eines Arbeitspaketes

Inkrement – das große Projekt wird in mehren Inkrementen entwickelt

DREI ROLLEN

Product Owner – zuständig für den wirtschaftlichen Erfolg und das Endergebnis

Scrum Master – wacht über die Methodik und die Produktivität des Teams

Team – das selbst-organisierte, teilautonome Team

8.3. SCRUM UND KANBAN IM DIREKTEN VERGLEICH

SCRUM	KANBAN
Iteration mit festem Zeitschema	Iteration mit festem Zeitschema ist optional. Kann verschiedene Rhythmen (Kadenzen) für Planung, Release und Prozessverbesserung haben. Kann ereignisgetrieben sein statt zeitgetrieben
Team verpflichtet sich zu einer bestimmten Menge an Abarbeitung für diese Iteration	Verpflichtung optional
Setzt Geschwindigkeit als Standardmetrik für Planung und Prozessverbesserung ein	Setzt Durchlaufzeit als Standardmetrik für Planung und Prozessverbesserung ein
Funktionsübergreifende Teams vorgeschrieben	Funktionsübergreifende Teams optional. Spezialisierte Teams erlaubt
Arbeitspakete müssen aufgeteilt werden, so dass sie innerhalb eines Sprints abgearbeitet werden können	Keine bestimmte Arbeitspaketgröße vorgeschrieben
Burndown-Diagramm vorgeschrieben	Kein spezieller Diagrammtyp vorgeschrieben
WIP-Limit indirekt (durch Sprints)	WIP-Limit direkt (pro Zustand im Arbeitsablauf)
Schätzen vorgeschrieben	Schätzen optional
Kann keine Arbeitspakete in laufende Iterationen hinzufügen	Kann neue Arbeitspakete hinzufügen, wann immer Kapazität verfügbar ist
Ein Sprintbacklog gehört einem bestimmt Team	Ein Kanbanboard kann von mehreren Teams oder Personen geteilt werden
Schreibt 3 Rollen vor (Product-Owner / Scrummaster / Team)	Schreibt gar keine Rollen vor
Ein Scrumboard wird für jeden Sprint neu eingesetzt	Ein Kanbanboard bleibt durchgehend bestehen
Schreibt ein priorisiertes Produktbacklog vor	Priorisierung ist optional
Scrum ist relativ standardisiert mit klaren Vorgaben	Kanban ermöglicht durch wenige Vorgaben mehr Gestaltungsmöglichkeiten

Quelle: www.infoq.com/resource/news/2010/01/kanban-scrum-minibook/en/resources/KanbanAndScrum-German.pdf

SCRUM VS. KANBAN
21:07
> Blackvard Management Consulting

Watch the Video

8.4. WANN EIGNET SICH KANBAN UND WANN SCRUM BESONDERS?

Wie bereits eingangs erwähnt, handelt es sich bei beiden Projektmanagementansätzen um agile Methoden, bei denen der Teamgedanke im Vordergrund steht.

Eine pauschale Empfehlung, wann Kanban und wann Scrum der bessere Ansatz ist, lässt sich kaum treffen. Es können aber einige grundlegende Charakteristika der beiden Methoden für eine Entscheidung herangezogen werden.

DABEI SOLLTEN IM VORFELD INSBESONDERE DIE FOLGENDEN FRAGEN GEKLÄRT WERDEN:

› Wie hoch ist die Komplexität des Projektes?

› Wie groß ist das Team für die Realisierung?

› Wie schnell und flexibel muss während der Implementierung reagiert werden können?

› Wie groß können entsprechende Iterationsschritte gewählt werden?

› In welcher Projektphase befindet man sich (Wartung/Weiterentwicklung vs. komplette Neuentwicklung)?

HÄUFIG SIND SOFTWAREPROJEKTE FÜR EINEN SCRUM-ANSATZ ZU KLEIN, …

… da bei Scrum durch die diversen Vorgaben und Rollen ein gewisser Projektmanagement-Overhead „mitgeschleppt" wird.
Insofern hat sich in der Praxis gerade bei überschaubareren Projekten, bzw. insbesondere bei Projekten in der Wartung und Weiterentwicklung, Kanban als sehr zielführender Ansatz herausgestellt, da hier nur minimale Vorgaben gegeben werden und die anfallende Arbeit – insbesondere wenn sie nur schwer vorab planbar ist – quasi auf Zuruf bzw. durch Notiz auf Kanban-Karten – erledigt werden kann. Aufgrund der anfallenden Tasks ist hier in der Regel auch keine permanente Abstimmung mit dem gesamten Team erforderlich, wie dies bei Scrum beispielsweise im Rahmen der Daily Standups vorgegeben wird.

Sofern das jeweilige Projekt allerdings eine entsprechende Größenordnung und Komplexität annimmt und hier ein größeres Team zur Realisierung notwendig ist, kann Scrum seine Stärken ausspielen, indem durch klare Vorgaben und Prozesse ein sehr straffes „Korsett" zur Bearbeitung eines solchen Projektes bereitgestellt wird. Dem Team wird dadurch die nötige Sicherheit sowie ein entsprechender Rahmen bereitgestellt.

Auch wenn hier keine genaueren oder gar pauschalen Aussagen über den jeweiligen PM- Ansatz möglich sind, sollte man für ein Scrum-Projekt ein Team mit 3-9 Entwicklern sowie einen Product Owner und einen Scrum Master einsetzen.

Darüber hinaus sollte das Projekt so bemessen sein, dass mind. 3 Sprints zur Realisierung einer ersten Phase notwendig sind, um von den Vorteilen von Scrum auch möglichst umfassend profitieren zu können. Dabei sind insbesondere die nachfolgenden Vorteile zu nennen:

- Striktes Vorgehen nach Prioritäten
- Sie erhalten regelmäßig funktionsfähige Zwischenstände
- Sie profitieren von Erkenntnissen aus dem QM
- Sie gewinnen mehr Flexibilität
- Sie profitieren von aktuellen Entwicklungserkenntnissen
- Die Arbeitslast verteilt sich besser
- Scrum Teams arbeiten nachhaltig
- Sie profitieren von erhöhter Effizienz und Kostenvorteilen

8.5. VON WASSERFALL ÜBER SCRUM ZU KANBAN

Dass komplexe Webprojekte in der heutigen Zeit nicht mehr im Detail vorausgeplant werden können, zeigt das nachfolgende Praxisbeispiel über ein sehr umfangreiches Portal-Projekt, das nach klassischer Vorgehensweise anhand eines vom Kunden gelieferten Lastenheftes begonnen wurde. Im Projektverlauf hat sich dann jedoch sehr schnell gezeigt, dass Definitionen und Vorstellungen aus der Konzeptphase in der Praxis aufgrund unterschiedlichster Problematiken oder Änderungen nicht umsetzbar waren bzw. weitreichende Anpassungen notwendig wurden.

Dadurch wurde während des Projektes die Projektmanagementmethodik von Wasserfall hin zu einem agilen Ansatz mittels Scrum gewechselt. Durch sehr kurzfristige Änderungswünsche auf Kundenseite konnte nach gewisser Zeit selbst eine Iteration mit 3- wöchigen Sprints nicht mehr aufrecht erhalten werden, wodurch am Ende zu Kanban als agilster Projektmanagementform geswitcht wurde und das Projekt so am Ende erfolgreich „auf die Straße" gebracht werden konnte.

FROM WATERFALL TO SCRUM TO KANBAN IN ONE PROJECT VON SACHA STORZ
40:39
\> TechDivision

Watch the Video

VERTRAGSGESTALTUNG BEI WEBPROJEKTEN

von Dr. Matthias Orthwein, SKW Schwarz Rechtsanwälte

9.1. KLASSISCHES ODER AGILES PROJEKTMANAGEMENT?

„Agilität" ist auf dem Vormarsch. Im Vergleich zu einem klassischen Projektmanagement werden agile Vorgehensweisen vor allem als kundengerechter, schneller und kostengünstiger gepriesen. Warum das klassische Projektmanagement weiterhin eine Daseinsberechtigung hat und welche rechtlichen und vertragsgestalterischen Stolpersteine agile Projektmethoden mit sich bringen, wird in dem folgenden Beitrag dargestellt.

Wer plant, ein Webprojekt zu beauftragen oder seinen Onlineshop überarbeiten zu lassen, hat meist eine gewisse Vorstellung von dem zu erzielenden Ergebnis. Oft stehen dabei zwar Funktionalitäten im Vordergrund, aber auch Design, Ergonometrie sowie look-and-feel werden eine wesentliche Rolle spielen. Der Detailgrad der Vorstellung vor Vertragsschluss variiert freilich sehr stark und ist von der (häufig fehlenden) Expertise des Kunden abhängig.

9.2. PROBLEME DES KLASSISCHEN „WASSERFALLS"

Nach einer klassischen Vorgehensweise entsprechend dem Wasserfallmodell steht vor der eigentlichen Projektumsetzung durch den Entwickler zunächst die Projektplanung. Ergebnis dieser Planung ist in der Regel ein Feinkonzept (Pflichtenheft), in welchem das Projektziel vollständig umschrieben wird. Eventuell basiert dieses auf einem Lastenheft, in dem der Kunde seine Anforderungen an das Projektziel grob beschrieben hat. Das Pflichtenheft wird dabei in seltenen Fällen vom Kunden selbst, in den meisten Fällen jedoch gemeinsam von Kunde und Entwickler erstellt. Erst nach Abschluss dieser Planung, also mit Fertigstellung des Pflichtenheftes, beginnt die eigentliche Realisierung des Webprojektes. Die Realisierungsphase baut dabei auf dem Ergebnis der Planungsphase auf.

Dieses lineare Vorgehen birgt allerdings eine Reihe systemimmanenter Projektrisiken, die nicht selten Auslöser von Auseinandersetzungen, Verzögerungen oder sogar Projektabbrüchen sind. Dem Kunden ist es auf der vorgelagerten, abstrakten Ebene häufig nicht möglich, vor der Projektumsetzung die wichtigen von den unwichtigen oder überflüssigen Funktionen und Features zu unterscheiden. Aus Angst, in der Zukunft erforderliche oder nützliche Funktionen zu übersehen, ist das Pflichtenheft deshalb oft „überladen". Das führt nicht nur zu einer Verlängerung des Projektzeitraums, sondern auch zu unnötig hohen Kosten für den Auftraggeber.

Ein ganz wesentliches Problem der klassischen Projektmethode liegt zudem außerhalb der Kontrolle von Auftraggeber und Softwareentwickler: Es ist häufig nicht möglich, bereits bei der Projektplanung vorauszusehen, welche Funktionen oder Schnittstellen zum Zeitpunkt der Projektbeendigung tatsächlich erforderlich, aktuell und „state-of-the-art" sind. Seit jeher werden deswegen vertraglich Prozesse zur Aktualisierung des Vertragsgegenstandes im Realisierungsprozess vereinbart (sog. Change Management). Damit soll das Projektziel entsprechend der aktuellen technologischen Entwicklung und den neuen Anforderungen des Kunden in der Umsetzungsphase angepasst werden. Der im klassischen Projektmanagement angelegte statische Prozess wird damit flexibler gestaltet.

In der Praxis gibt das Verfahren zur Änderung des Vertragsgegenstandes allerdings häufig Anlass zu Diskussionen über Machbarkeit, Umfang,

Zeitverzögerung und zusätzliche Kosten. Gerade in einem stark volatilen technologischen Umfeld wie dem von Webprojekten birgt das Change Management deswegen ein nicht unerhebliches Streit- und Risikopotential. Der Grund dafür liegt im Change Management als Flexibilisierungsinstrument selbst.

Denn im Rahmen einer klassischen Vorgehensweise stellt jede Flexibilisierung letztlich einen Fremdköper dar, der den idealtypisch linearen Projektverlauf stört und behindert. Für den Auftraggeber bedeutet die Flexibilisierung, die er durch die Möglichkeit von Change Requests erhält, zudem in der Regel vor allem zusätzliche ungeplante Kosten.

9.3. AGILE PROJEKTMETHODEN ALS HEILSBRINGER?

An diesen Schwachstellen linearer Entwicklungsmethoden setzt agiles Projektmanagement an. Beispielhaft sei hier auf die weit verbreitete Scrum-Methode verwiesen: Statt eines linearen Prozesses, in welchem die Projektplanung abstrahiert vor der Realisierung stattfindet, werden Planungs- und Umsetzungsphasen gemeinsam in mehreren iterativen Schleifen wiederholt. Zu Projektbeginn existiert allenfalls eine „grobkörnig" beschriebene Projektvision, die sich im Rahmen des Prozesses zu einem detaillierten Projektziel hin entwickelt. Im Vordergrund steht dabei die enge Zusammenarbeit von Entwickler und Auftraggeber; alle Entscheidungen sollen gemeinsam besprochen und gemeinsam gefällt werden. Auf Grundlage der Zwischenergebnisse der Entwicklung werden gemeinsam neue Ideen entwickelt und ohne „Denkverbote" diskutiert. Die Flexibilität ist dabei institutionalisiert: Weiterentwicklungen und Änderungen des Vertragsgegenstandes sind beabsichtigt und Ausgangspunkt des Verständnisses beider Parteien. Agilität verspricht deswegen ein besonders bedarfsgerechtes und zeitgemäßes Projektergebnis.

Obschon deshalb agiles Projektmanagement dem klassischen Vorgehen überlegen zu sein scheint, ist absolute Agilität für viele Auftraggeber keine echte Option. Denn aufgrund der starken Einbeziehung des Auftraggebers über die gesamte Projektlaufzeit hinweg werden Personalressourcen gebunden. Im Rückblick mag sich dieser Aufwand zwar auszahlen, wenn das Ergebnis den Bedürfnissen des Auftraggebers in hohem Maße entspricht. Das ist jedoch zunächst ungewiss. Deswegen scheuen sich viele Auftraggeber, mit diesem Personalaufwand in Vorleistung zu treten. Häufig fehlt es auch schlicht an internen Ressourcen mit ausreichendem Projekt-Know-how.

Ein weiteres wesentliches Problem ist die mangelnde Kostentransparenz: Da nicht feststeht, was vom Auftragnehmer entwickelt werden soll, kann im vorhinein auch nicht feststehen, was die Entwicklung am Ende kostet. Häufig wird versucht, diesen Aspekt durch eine Festpreisvereinbarung zu entschärfen und Kostentransparenz zu schaffen („Agiler Festpreis"). Daraus folgt jedoch zwingend eine Einschränkung der gestalterischen Freiheit. Sollen neue Features umgesetzt werden, müssen im Gegenzug alte fallen gelassen werden. Andernfalls werden die zusätzlichen Kosten – entsprechend dem Change Management – gesondert berechnet.

9.4. WAS BEDEUTET AGILITÄT RECHTLICH?

Ungeachtet der Vor- und Nachteile beider Projektmethoden stellt sich aus vertragsgestalterischer Sicht eine ganz grundlegende Frage: Welchem Vertragstypus sind Softwareverträge zuzuordnen und unterscheiden sich agile Softwareverträge insoweit vom klassischen Softwarevertrag?

Die vertragstypologische Einordnung hat ganz entscheidenden Einfluss auf die Vertragsgestaltung. Denn das Bürgerliche Gesetzbuch sieht für eine Reihe von Vertragstypen bestimmte Regelungen vor, die Anwendung finden, wenn die Parteien nicht vertraglich etwas Abweichendes vereinbaren (z. B. in Bezug auf Gewährleistungsregeln oder Zahlungsmodalitäten). Nur wenn feststeht, um welchen Vertragstyp es sich handelt, können die Parteien (soweit das Gesetz dies zulässt) bewusst und individuell vom Gesetz abweichende Vereinbarungen treffen. Außerdem sind – und das ist insbesondere für Auftragnehmer von Bedeutung, die ein Vertragsmuster verwenden – die Maßstäbe einer Kontrolle der Vertragsklauseln auf Vereinbarkeit mit dem AGB-Recht je nach Vertragstyp unterschiedlich.

9.5. GRETCHENFRAGE: WERK- ODER DIENSTVERTRAG?

Für die Vertragsgestaltung von klassischen und agilen Verträgen ist deswegen maßgeblich, welcher Vertragstyp des BGB jeweils Anwendung findet.
Für Verträge über Erstellung eines Online-Auftritts oder eines Web-Projekts kommt in erster Linie eine werkvertragliche oder dienstvertragliche Einordnung in Betracht. Werk- und Dienstvertrag unterscheiden sich wesentlich darin, dass der Auftragnehmer beim Werkvertrag einen konkreten Erfolg schuldet, beim Dienstvertrag dagegen lediglich zum Tätigwerden verpflichtet ist, ohne zugleich ein bestimmtes Ergebnis zu versprechen.

Dementsprechend ist beim Werkvertrag allein der Auftragnehmer für den Projekterfolg verantwortlich und Weisungen des Auftraggebers – anders als beim Dienstvertrag – nicht unterworfen.

Die Unterscheidung ist vor allem deswegen relevant, weil das Werkvertragsrecht ein Mängelhaftungsrecht („Gewährleistung") vorsieht, das Dienstvertragsrecht allerdings nicht. Vor allem der Auftragnehmer hat deswegen ein Interesse an dem Abschluss eines Dienstvertrages.

„Die Frage, ob es sich um einen Werk- oder Dienstvertrag handelt, lässt sich nicht immer ganz einfach beantworten. Um spätere Probleme zu vermeiden, sollten Sie hier ggf. frühzeitig professionelle Hilfe in Anspruch nehmen."

Dr. Matthias Orthwein, LL.M. (Boston)
SKW Schwarz Rechtsanwälte

9.6. ENTSCHEIDEND IST DER VERTRAGSINHALT

Auf Softwareerstellungsverträge nach klassischer Vorgehensweise findet in aller Regel Werkvertragsrecht (bzw. unter bestimmten Umständen Werkliefer- und damit weitgehend Kaufrecht) Anwendung. Der Auftragnehmer schuldet dabei eine dem Pflichtenheft entsprechende Software und muss Abweichungen hiervon im Rahmen der Sachmangelhaftung („Gewährleistung") beseitigen.

Im technischen Umfeld wird für Verträge auf Grundlage eines agilen Projektmanagements häufig davon ausgegangen, agile Projektentwicklung führe zu einer dienstvertraglichen Einordnung des Vertrages, da kein Pflichtenheft vorliegt und die Parteien gemeinschaftlich auf den Projekterfolg hinarbeiten, sodass nicht nur der Auftragnehmer die Verantwortung für den Projekterfolg trage. Die Entscheidung agil oder klassisch hätte damit auch wesentliche juristische Bedeutung: Agil wäre grundsätzlich günstiger für den Auftragnehmer. Eine pauschale Differenzierung „klassisch = Werkvertrag", „agil = Dienstvertrag" ist allerdings falsch und irreführend. Richtig ist lediglich, dass die juristische Klassifizierung eines Softwareerstellungsvertrages auf agiler Basis Schwierigkeiten bereiten kann und im Einzelfall möglicherweise vom klassischen Modell abweicht. Für die vertragliche Einordnung eines Vertrages entscheidend sind allerdings nicht die Überschrift oder Schlagwörter, die den Vertragsinhalt beschreiben. Maßgeblich sind allein die tatsächlich vereinbarten Vertragspflichten, in erster Linie diejenigen des Auftragnehmers.

Ein Softwareerstellungsvertrag auf agiler Basis kann also durchaus auch Werkvertrag sein; insbesondere dann, wenn der Auftraggeber zwar das Grundkonzept vorgibt, der Auftragnehmer dann aber im Vertrag die Verantwortung für Ausführung und Dokumentation übernimmt.

Schließlich erwartet der Auftraggeber in der Regel ein für ihn nutzbares Ergebnis als Vertragserfolg. Außerdem legen die Parteien auch bei agiler Vorgehensweise häufig ein – wenn auch vages – Projektziel fest (z. B. „Erstellung eines Web-Auftritts"), das den Rahmen der Entwicklung vorgibt. Verpflichtet sich der Auftragnehmer, die Verantwortung für das Erreichen dieses Projektziels zu übernehmen, ist grundsätzlich von einem Werkvertrag auszugehen.

Um also tatsächlich zur Anwendung des Dienstvertragsrechts zu gelangen, müsste ausdrücklich vereinbart werden, dass der Auftragnehmer keinen Erfolg schuldet, sondern umgekehrt der Auftraggeber die Verantwortung für den Projekterfolg trägt. Der Auftraggeber „kauft" bei dieser Gestaltung also letztlich Programmierzeit des Auftragnehmers, ohne eine konkrete Zusage für das Ergebnis zu bekommen.

Aus mehreren Gründen ist eine solche Vertragsgestaltung allerdings problematisch: Der Auftraggeber ist nur in den seltensten Fällen bereit, das alleinige Risiko für den Projekterfolg zu übernehmen. Es ist auch nicht recht plausibel, dass der Auftraggeber als technischer Laie die Verantwortung behält und der Auftragnehmer als Experte keine Erfolgsverantwortung übernimmt. Schließlich passt diese Konstruktion nicht zu dem Umstand, dass in der Regel der Auftragnehmer das Projekt steuert, wenn auch mit Unterstützung des Auftraggebers.

Den Softwareerstellungsvertrag als reinen Dienstvertrag zu gestalten, ist also zwar rechtlich möglich, allerdings in der Praxis wohl kaum gegenüber dem Auftraggeber durchsetzbar und in den meisten Fällen nicht interessengerecht.

9.7. BEDARFSGERECHTE VERTRAGSGESTALTUNG

Ziel der Vertragsgestaltung muss es deswegen sein, einen gleichermaßen bedürfnis- wie interessengerechten Zwischenweg zu finden. Insbesondere bei Scrum können etwa die Planung der Sprints („Sprint-Plannings") und das „Sprint-Review" sowie Scrum-Meetings auf Ebene eines Dienstvertrages geregelt werden. Für die einzelnen Sprints kann davon abweichend eine werkvertragliche oder werkliefervertragliche Gestaltung gewählt werden. Geschuldet ist dann jeweils ein Ergebnis mit der Funktionalität wie im Sprint-Backlog beschrieben.

Die so erzielte Aufspaltung in viele kleinere Werkverträge vermindert das Risiko auf beiden Seiten. Flexibilität wird dadurch sichergestellt, dass beide Parteien nach jedem oder einer bestimmten Zahl von Sprints den Vertrag kündigen können. Dabei kann entweder anhand des voraussichtlichen Aufwands die Vergütung eines einzelnen Sprints jeweils separat vereinbart oder vertraglich ein fester Preis pro Sprint festgelegt werden.

Dies führt zwar möglicherweise ideologisch zu einer Vermengung von agiler und klassischer Entwicklungsweise. Zum einen scheint eine Zwischenlösung jedoch aus Interessengesichtspunkten sachgerecht und zum anderen ermöglicht sie auch konservativen Auftraggebern, die Vorteile agiler Entwicklungsmethoden nutzen zu können, ohne vollständig auf die gewohnte „Projektumgebung" verzichten zu müssen.

Auch die Klarstellung, dass der Auftragnehmer bei agilen Projekten auf Basis werkvertraglicher Grundsätze zur Erstellung und zum ständigen Mitführen einer Dokumentation verpflichtet bleibt, ist wohl interessengerecht. Ständige Dokumentation entspricht zwar nicht der reinen Lehre des Agilen Manifests. Ohne aktuelle Dokumentation sind die erreichten Entwicklungsstufen der einzelnen Sprints für den Auftraggeber aber nicht nutzbar und damit wertlos. Das schließt nicht aus, dass sich der Auftragnehmer den Aufwand zur Erstellung der Dokumentation ersetzen lässt.

Letztlich ist für die Vertragsgestaltung also nicht die Projektmethode maßgeblich. Entscheidend ist die Ausgestaltung der Zusammenarbeit für das konkrete Projekt. Erst auf dieser Basis kann ein sachgerechter Vertrag überhaupt entworfen werden. Inwieweit Werk- und Dienstvertrag diese Gestaltung beeinflussen, ist allein abhängig von dem Parteiwillen und nicht nur an die Frage der Projektmethode geknüpft.

9.8. ZUSAMMENFASSUNG

Agil oder klassisch? Aus vertragsgestalterischer Sicht ist die Frage nur von untergeordneter Bedeutung. Entscheidend ist letztlich, dass der Vertrag das von den Parteien beabsichtigte Vorgehen abbildet und alle wesentlichen rechtlichen Punkte, die damit in Zusammenhang stehen, regelt. Das setzt voraus, dass sich die Parteien über die grundlegenden Aspekte der Vorgehensweise bei der Projektumsetzung und über die Verteilung der Verantwortlichkeiten für den Projekterfolg einig sind. Dazu genügt es nicht, sich auf ein „agiles Vorgehen" zu einigen. Denn das sagt noch nichts Konkretes über die Leistungspflichten aus und lässt eine Einordnung des Vertrages und eine sachgerechte Vertragsgestaltung nicht zu. Ebenso wenig wie deswegen aus „agil" zwingend die Anwendung des Dienstvertragsrechts folgt, sollten sich die Parteien ausschließlich von vertragstypologischen Erwägungen leiten lassen. Entscheidend ist eine rechtlich ausgewogene Lösung auf Grundlage der parteilichen Zusammenarbeit. Da diese von Fall zu Fall divergiert bedarf häufig auch der Vertrag einer bedarfsgerechten Gestaltung – ganz im Sinne des agilen Projektmanagements.

TECHDIVISION BUBBLE BUDGETING

Das Konzept bzw. die Idee unter dem von uns als Bubble Budgeting bezeichneten Ansatz ist recht simpel und leicht verständlich. Dennoch sollte das Ganze von allen Beteiligten „ernst" genommen werden – was mitunter nicht immer selbstverständlich ist.

In den meisten Fällen, möchte ein Unternehmen möglichst frühzeitig über etwaige Kosten eines Projektes informiert werden, um diese in die Budgetplanung einfließen zu lassen. Sehr häufig ist es aber so, dass dieser Wunsch – was ja auch durchaus nachvollziehbar ist – sehr früh im Prozess, in den meisten Fällen vor einer etwaigen Beauftragung, geäußert wird. D. h. der Dienstleister muss in einem ganz frühen Stadium Kosten für ein Projekt benennen, bei dem es noch jede Menge Unklarheiten gibt und das sich erfahrungsgemäß auch während der Implementierungszeit noch signifikant ändern kann – in nicht wenigen Fällen auch entsprechend ändern wird, sei es aufgrund von internen neuen Anforderungen oder Erkenntnissen oder weil sich am Markt Änderungen ergeben, auf die man reagieren muss.

Jetzt kommt vermutlich sehr schnell das Argument, dass es ja genaue Spezifikationen in Form eines Lastenheftes, einer Anforderungsskizze oder ähnlichem gibt und man als Dienstleister auf dieser Basis und mit entsprechender Erfahrung doch valide Schätzungen möglich sein müssen. Dem muss ganz klar widersprochen werden. Neben den bereits genannten Gründen sollten hier insbesondere die folgenden Punkte berücksichtigt werden:

Kein IT ist gleich, weil auch kein Kunde gleich ist. Gerade IT unterliegt einer enormen Dynamik, wodurch Ansätze und Technologien von heute morgen bereits veraltet bzw. überholt sein können.

Projekte werden von Menschen gemanagt und wo Menschen sind „menschelt" es, im positiven aber auch im negativen Sinne.

Im Projektverlauf ergeben sich häufig Erkenntnisse, die von „außen" nicht erkennbar waren und auf die reagiert werden muss.

Wie löst man also dieses Problem eines fixen Budgets, ohne am Ende eines Projektes einen „echten Verlierer" zu haben. Die Lösung ist eigentlich recht simpel und die Herangehensweise lässt sich durchaus mit anderen Bereichen, die jeder von uns auch kennt, vergleichen.

10.1. BUBBLE BUDGETING

Zu Beginn eines Projektes wird ein Gesamtbudget definiert. Im besten Fall, nennt der Auftraggeber das Budget, das er für eine Phase 1 ausgeben möchte. Alternativ dazu kann anhand grober Anforderungen auch eine erste ganz grobe Schätzung vorgenommen werden. Hier besteht der erste Vorteil darin, dass nicht unnötig viel Zeit in etwaige „Rocket-Science-Schätzungen" verbraten wird, bei denen man sowieso schon weiß, dass das Endprodukt mit extrem hoher Wahrscheinlichkeit aus den bereits genannten Gründen anders aussehen wird.
Bubble Budgeting bedeutet im wesentlichen eine intensive Zusammenarbeit und Kommunikation mit dem Kunden und geht vor spitzfindigen Verträgen.
Die Ansage lautet ganz einfach:

Wir haben in deinem Projekt anhand der Erkenntnisse aus einem gemeinsamen Kick-Off-Workshop, z. B. 6 Epics oder – um es einfacher auszudrücken – auch Bubbles identifiziert. Bubbles klingen anfassbar, sind plastisch.

Diese 6 Bubbles können wir für € 100k in 3 Monaten umsetzen. Wir wissen nicht, wie groß genau die einzelne Bubble ist, darum bepreisen wir sie auch nicht einzeln, sondern geben nur ein grobe Schätzung für alle 6 Bubbles zusammen. Wir wissen vom Gefühl her, dass Bubble 4 wahrscheinlich deutlich größer als Bubble 2 ist. Aber das wollen wir gar nicht diskutieren, sonst geraten wir in Diskussionen („Ist X jetzt 2 oder 3 Mal größer als Y? Und womöglich stellt sich hinterher auch heraus, das Y größer war als X..."), die wir nicht wollen und die niemandem nutzen.

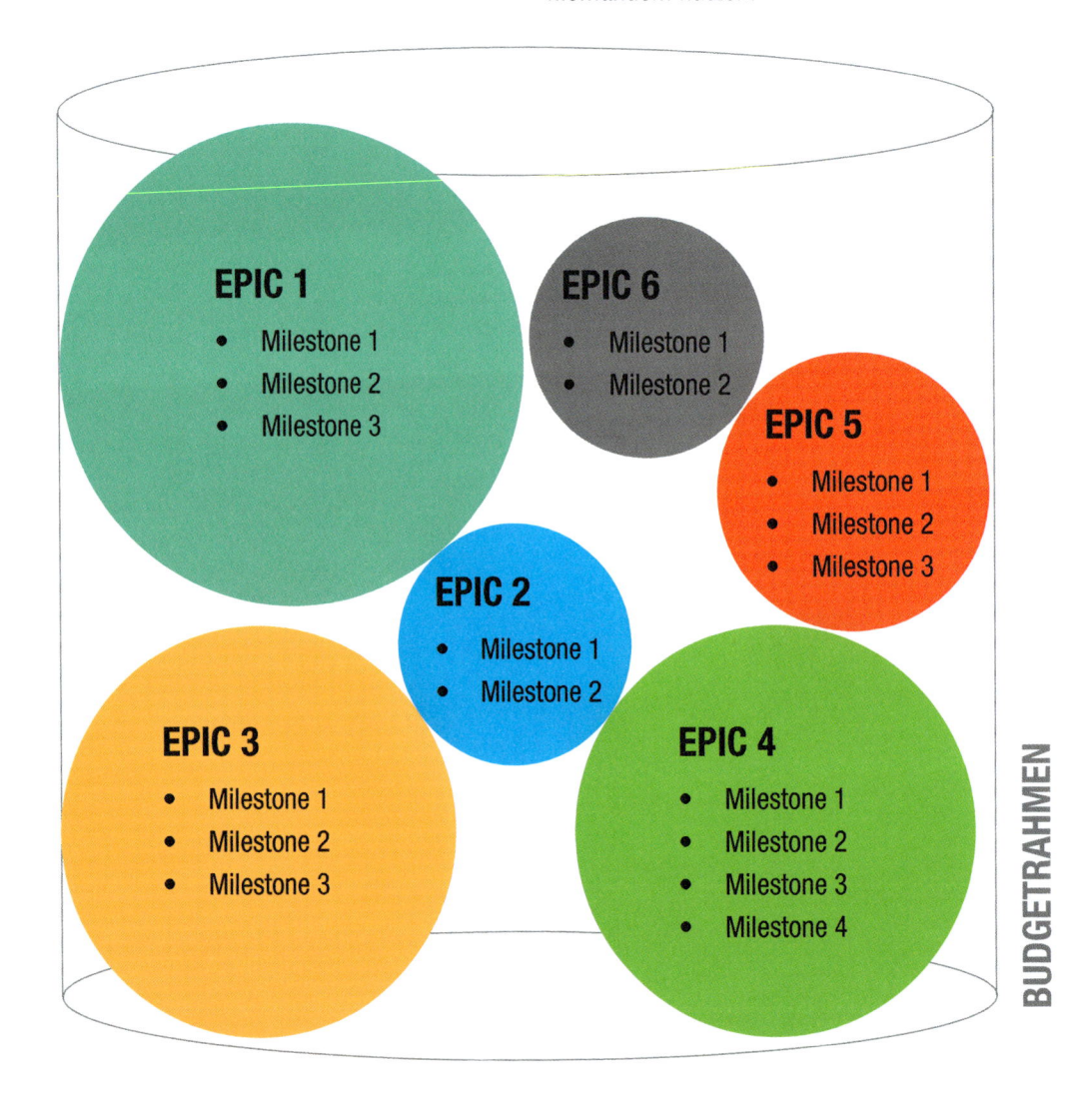

EPIC 1
- Milestone 1
- Milestone 2
- Milestone 3

EPIC 6
- Milestone 1
- Milestone 2

EPIC 5
- Milestone 1
- Milestone 2
- Milestone 3

EPIC 2
- Milestone 1
- Milestone 2

EPIC 3
- Milestone 1
- Milestone 2
- Milestone 3

EPIC 4
- Milestone 1
- Milestone 2
- Milestone 3
- Milestone 4

BUDGETRAHMEN

Stellen Sie sich nun die 100k als einen Kasten vor, in dem sich die 6 Bubbles befinden. Eine detaillierte Beschreibung der Bubbles erfolgt nicht. Die Bubbles heißen z. B. „Bewertungen automatisiert integrieren" oder „Navigation". Weitere Detailbeschreibungen zu den Bubbles gibt es nicht. Ziehen wir eines davon größer als 1/6 (viele Änderungsrunden, erwiterter Scope, Gold Plating etc.), müssen wir im Blick behalten, dass andere dafür kleiner werden (müssen), weil sie sonst nicht mehr alle in den Kasten passen. Ganz einfach.

Letztlich nichts anderes als Dimensional Planning, aber ausgehend vom Budget und einer auf Erfahrung basierenden „gefühlsmäßigen" Gesamtschätzung. Und wir können aus eigenen Projekten bestätigen, dass diese „gefühlsmäßigen" Gesamtschätzungen erfahrener Devs und POs/PMs fast immer valider waren als die pseudogenaue Hochrechnung von Einzelschätzungen. Die Validität kann sich durch die Flexibilität der Bubbles natürlich automatisch einstellen.

Damit der Kunde mit dem Argument „Risiko" nicht landen kann, gibt es laufend Reviews und Kostenaufstellungen (also Scrum-like vorgehen). Natürlich haben die Kunden Angst davor, dass die Summe der Stunden zu hoch ist. Durch größtmögliche Transparenz und die Möglichkeit einer nahezu jederzeitigen Beendigung der Zusammenarbeit sowie die Tatsache, dass wir als Dienstleister in Vorleistung gehen – d. h. es gibt keine An- oder Vorauszahlung – ist das Risiko auf Kundenseite minimal und wir als Dienstleister sind gefordert, während des gesamten Projektes effizient zu arbeiten.

Änderungen während des Projektes? Kein Problem! Wir haben eine Box von 100k, wir haben 6 Bubbles zieh eines größer = mach andere kleiner oder schmeiß sie raus usw. Das klassische „Change for free" aus Scrum, wie oben erwähnt. Hier also nichts Neues.

Wichtig ist das konsequente „Fahren auf Sichtweite", i. e. Rolling Wave planning: Welche und wie viele Issues aus den einzelnen Bubbles entstehen, legt man erst fest, wenn die entsprechenden Bubbles anstehen.

> „Mit dem Bubble Budgeting haben wir einer eigentlich selbstverständlichen „Mechanik" einen Namen und ein Gesicht gegeben und siehe da – Leute verstehen es plötzlich bzw. sind dafür offen." –

Sacha Storz, Agile Evangelist, TechDivision

Und wie überzeuge ich nach dem Projektstart nun den Kunden weiterhin und immer wieder, dass das Konzept funktioniert? Indem ich permanent liefere. Durchstiche statt Komponenten oder Layer. Liefern, schnell, mit reduziertem Scope, um Feedback zu bekommen, dann iterieren und/oder nächstes Inkrement. Hier nichts Neues. Aber mit dem Zwang: Ich muss es so machen, sonst springt mir der Kunde ab.

10.2. WOZU BRAUCHE ICH AGILE?

Agile ist ein Muss, denn ich kann nur schnell liefern und damit fortwährend überzeugen, indem ich inkrementell liefere und iteriere („Das Feature doch etwas aufgebohrt? Kein Problem!"). Aus Bubble Budgeting folgt zwangsweise Agile. Und ich kann nur schnell liefern und Änderungen akzeptieren, wenn ich agile Entwicklungspraktiken verwende (CI, automatisches Testen etc.). Ein „Jetzt nichts mehr anfassen, bitte" gibt es nicht!

> Lean Management bedeutet "Werte ohne Verschwendung schaffen". Ziel ist es, alle Aktivitäten, die für die Wertschöpfung notwendig sind, optimal aufeinander abzustimmen und überflüssige Tätigkeiten (Verschwendung, japanisch "muda") zu vermeiden.
>
> Quelle: Wikipedia.de

10.3. WOZU BRAUCHE ICH LEAN?

Man kann evtl. formulieren, dass Agile ohne Lean ohnehin keine gute Idee ist, aber wir wollen es konkreter machen: Die Konzentration auf das Budget macht allen Beteiligten mit dem „Dampfhammer" klar: Waste = Geldvernichtung. Das ist zwar eigentlich immer klar, aber wir haben schon oft erlebt, dass weder PO noch SM das im Scrum-Team so verankern, dass maximale Wertschöpfung bei Maximierung von „work not done" die Prio Nr. 1 sind.

Und natürlich brauche ich Lean ohnehin, um alle Overheads, die ich habe, immer wieder zu prüfen und wenn möglich als Waste zu eliminieren.

Darüber hinaus brauche ich Respekt für die Mitarbeiter, denn erst ein optimales Team mit einem optimal unterrichteten/aufgeklärten Kunden kann die hochanspruchsvolle Aufgabe „erfolgreiches Projekt" meistern. Und damit sind wir bei dem bekannten Ausspruch: „Individuals and interactions over processes and tools."

10.4. ALTER WEIN IN NEUEN SCHLÄUCHEN

Was ist daran neu? Eigentlich nichts! Die Systematik ist jedem klar und auch nicht hoch wissenschaftlich. Das Interessante daran ist allerdings, dass es nach unseren Erfahrungen sehr häufig erst durch eine solch bildhafte Darstellung sowie die Umkehrung von „Wieviel kostet X?" in „Was ist Dir Y wert?" möglich wird, Verständnis für moderne Arbeits- und Projektmanagementmethoden zu schaffen. Probieren Sie es einfach aus! Es funktioniert – und zwar in allen Bereichen!

WARUM EIN TRADITIONELLER AUSSCHREIBUNGSPROZESS NICHT MEHR ZEITGEMÄSS IST

Welches größere Unternehmen bzw. welcher Dienstleister kennt sie nicht, die sog. RFPs. Dabei steht der Begriff als Abkürzung für „Request for Proposal" und bezeichnet im Softwareauswahlprozess ein Dokument mit inhaltlich bindenden Angaben über Vertragsspezifikationen und weiteren Verhandlungsgegenständen, die vor der Ausarbeitung des eigentlichen Vertragswerkes (Softwareerstellungsvertrag, Lizenzvertrag etc.) definiert werden.

Bei einem traditionellen Ausschreibungsprozess geht dem RFP meist ein sog. RFI (Request for Information) voraus, in dem unverbindliche Preis- und Leistungslisten möglicher Dienstleister eingeholt werden. Anhand dieser Information kann – zumindest in der Theorie – bereits eine erste Vorauswahl (für den nachfolgenden RFP) vorgenommen werden.

Soviel zur Theorie: Hierbei muss jedoch zwingend beachtet werden, dass moderne Softwareentwicklung und hier insbesondere der Bereich eCommerce – einer enormen Dynamik unterliegt und ein solch starres Korsett – weder für eine Evaluierung noch für die spätere Implementierung zeitgemäß erscheint.

Früher verwendete man meist das sog. Wasserfallmodell, bei dem im Rahmen einer umfassende Konzeptphase Lasten- und Pflichtenhefte erstellt wurden, in denen die genauen Anforderungen und Lösungsansätze vorab definiert wurden. Diese Dokumente bildeten dann die Basis für etwaige Verträge, Angebote sowie die finale Umsetzung. Sobald während der Implementierung Änderungen notwendig wurden – was in den überwiegenden Fällen so war/ist und auch vollkommen normal ist – mussten sog. Change-Requests ausgelöst werden, die quasi als Ergänzung zu den bisherigen Dokumenten gesehen wurden und entsprechend berücksichtigt werden mussten. D. h. man hat früher, wissentlich der Tatsache, dass das Endergebnis vermutlich deutlich anders aussehen wird, als es die Planungen und Ausarbeitungen im Vorfeld vorgaben, dennoch über viele viele Jahre an diesem Ansatz festgehalten.

Gerade Web-Projekte werden immer komplexer und unterliegen einer immer größeren Dynamik. Zudem sprechen wir hier häufig von Projektlaufzeiten im Bereich von 3 bis 7 Monaten ggf. auch noch deutlich länger. Dies hat zur Folge, dass ein Web-Projekt – selbst nach bestem Wissen und Gewissen – nicht mehr im Detail und im Voraus geplant werden kann. Es werden sich während des Projektes mitunter signifikante Änderungen ergeben, auf die möglichst flexibel reagiert werden muss. So haben mittlerweile immer mehr Unternehmen ein agiles Projektvorgehen für sich entdeckt.

Inzwischen werden Web-Projekte überwiegend agil realisiert, wobei sich hier zwei Ansätze etabliert haben: Scrum und Kanban. Im wesentlichen geht es bei diesen Ansätze darum, ein Projekt nicht mehr im Vorfeld bis ins Detail zu planen, sondern die wesentlichen Anforderungen anhand von sog. Epics mit allen relevanten Stakeholdern (Projektbeteiligten) zu diskutieren, zu erfassen und zu priorisieren. Das Ziel besteht dann darin, möglichst schnell ein erstes lauffähiges Produkt zu implementieren (ein sog. Minimal Viable Product), das dann im weiteren Projektverlauf sukzessive erweitert und ausgebaut wird. Dabei liegt der entscheidende Vorteil von agilem Projektmanagement darin, schneller ans Ziel zu kommen und etwaige Fehlentwicklungen frühzeitig zu erkennen und gegensteuern zu können.

Die Erfahrung der letzten Jahre, sowohl auf Kunden- als auch Dienstleisterseite, hat gezeigt, dass insbesondere E-Commerce-Projekte heutzutage eigentlich nur noch agil, mit entsprechenden Erfolgsaussichten realisiert werden können. Im übrigen gilt dies mittlerweile nicht nur für E-Commerce- oder IT-Projekte. So verwundert es auch nicht, dass gemäß aktuellen Informationen der Autobauer Volkswagen in den kommenden drei Jahren 150 Scrum Professionals ausbilden sowie 500 Mitarbeiter in der Scrum-Methodik schulen möchte. Diese Entscheidung kommt sicherlich nicht von ungefähr....

Quelle: https://jaxenter.de/agile-im-konzern-kann-das-funktionieren-41026

AGILE MANAGEMENTMETHODEN SIND ERFOLGREICH(ER) UND WEITER AUF DEM VORMARSCH

Dass agile Projektmanagementverfahren sehr erfolgreich sind und auch immer häufiger zur Anwendung kommen, belegen Ergebnisse einer Studie der Hochschule Koblenz in Zusammenarbeit mit der GPM Deutsche Gesellschaft für Projektmanagement e.V. und der IPMA – International Project Management Association, die im Frühjahr 2014 durgeführt wurde. An der Studie nahmen 612 Personen aus über 30 Ländern teil, wobei mehr als 60% der Teilnehmer aus Deutschland kamen.

Bei allen n war nur eine Antwort möglich
- Sehr gut
- Gut
- Ausreichend
- Mangelhaft
- Keine Erfahrung

BENOTEN SIE BITTE KANBAN BZGL. DER FOLGENDEN MERKMALE ANHAND DER ERFAHRUNG AUS IHREM TÄTIGKEITSBEREICH:

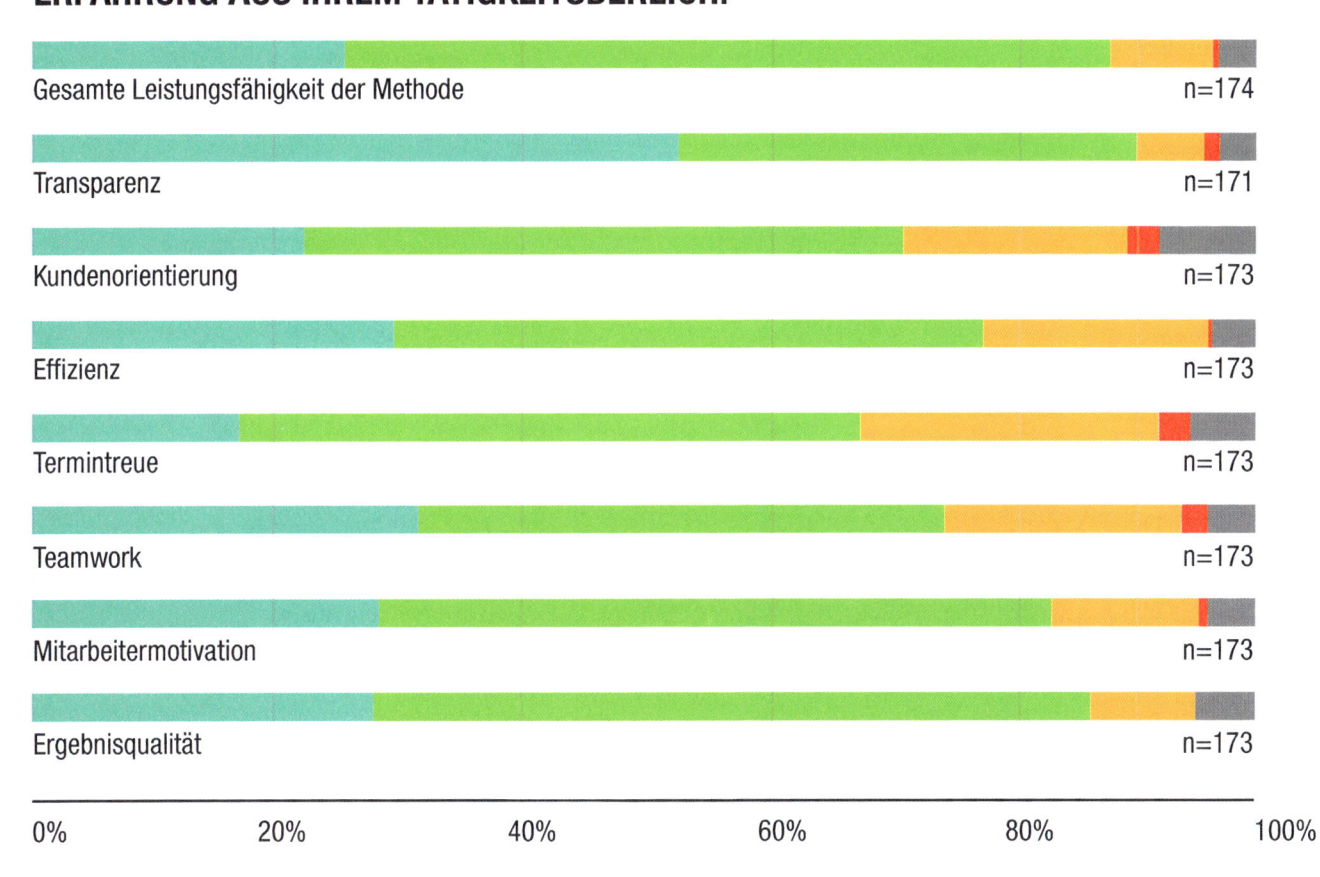

Gesamte Leistungsfähigkeit der Methode	n=174
Transparenz	n=171
Kundenorientierung	n=173
Effizienz	n=173
Termintreue	n=173
Teamwork	n=173
Mitarbeitermotivation	n=173
Ergebnisqualität	n=173

Diese Frage richtete sich nur an Teilnehmer, die die Methode Kanban zuvor folgendermaßen bewerteten:
A = zentrale Bedeutung für meinen Tätigkeitsbereich oder B = wird für meinen Tätigkeitsbereich neben anderen Methoden genutzt

Quelle: Studie „Status Quo Agile" von der GPM Deutsche Gesellschaft für Projektmanagement e.V. in Kooperation mit der Hochschule Koblenz

BENOTEN SIE BITTE KLASSISCHES PROJEKTMANAGEMENT BZGL. DER FOLGENDEN MERKMALE ANHAND DER ERFAHRUNG AUS IHREM TÄTIGKEITSBEREICH:

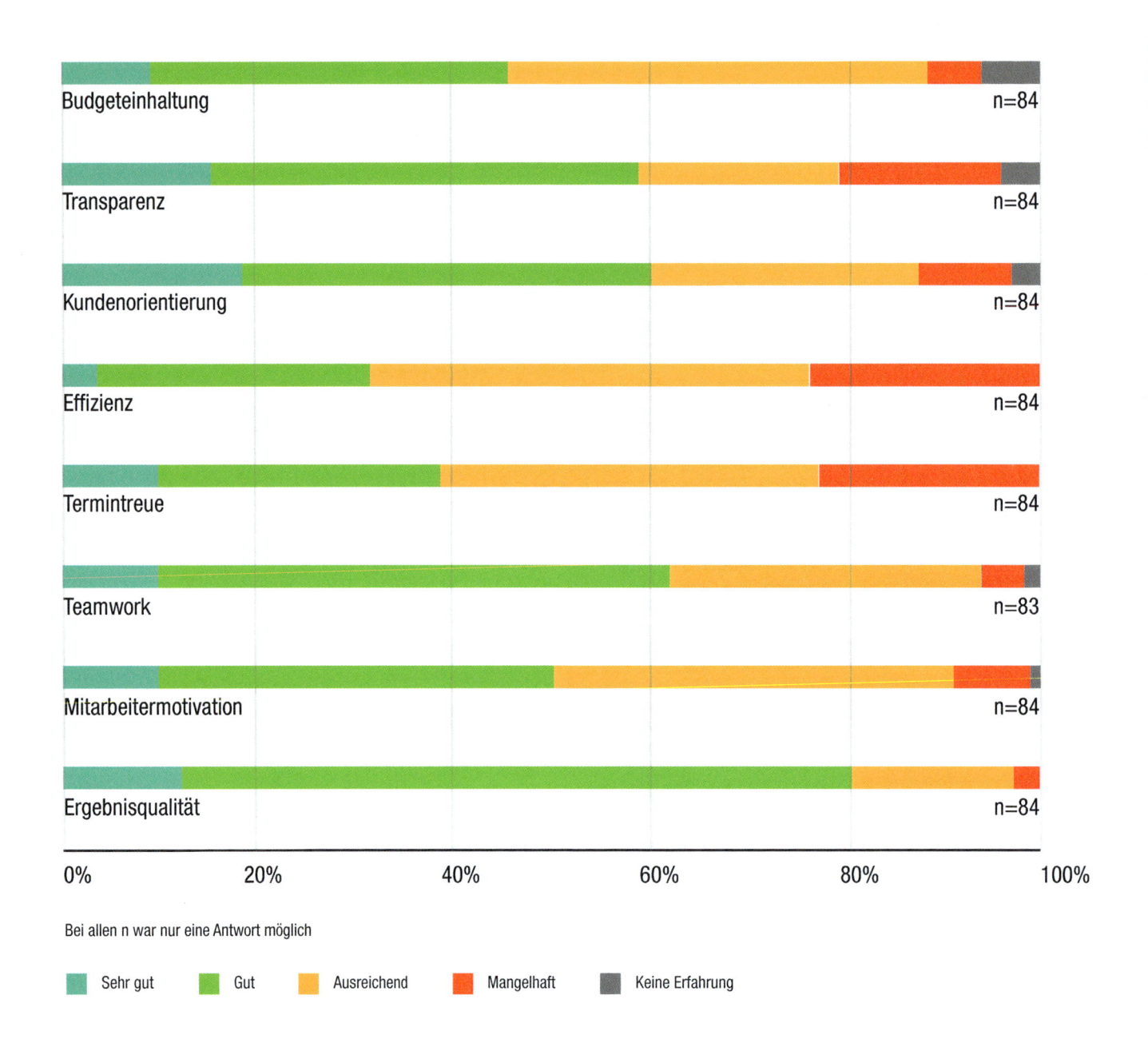

Budgeteinhaltung — n=84

Transparenz — n=84

Kundenorientierung — n=84

Effizienz — n=84

Termintreue — n=84

Teamwork — n=83

Mitarbeitermotivation — n=84

Ergebnisqualität — n=84

Bei allen n war nur eine Antwort möglich

- Sehr gut
- Gut
- Ausreichend
- Mangelhaft
- Keine Erfahrung

Diese Frage richtete sich nur an Teilnehmer, die klassisches Projektmanagement zuvor folgendermaßen bewerteten:
A = zentrale Bedeutung für meinen Tätigkeitsbereich oder B = wird für meinen Tätigkeitsbereich neben anderen Methoden genutzt

Quelle: Studie „Status Quo Agile" von der GPM Deutsche Gesellschaft für Projektmanagement e.V. in Kooperation mit der Hochschule Koblenz

WIE HOCH WÜRDEN SIE IHRE ERFOLGSQUOTE DER MIT AGILEN METHODEN DURCHGEFÜHRTEN PROJEKTE / ENTWICKLUNGSPROZESSE EINSCHÄTZEN?

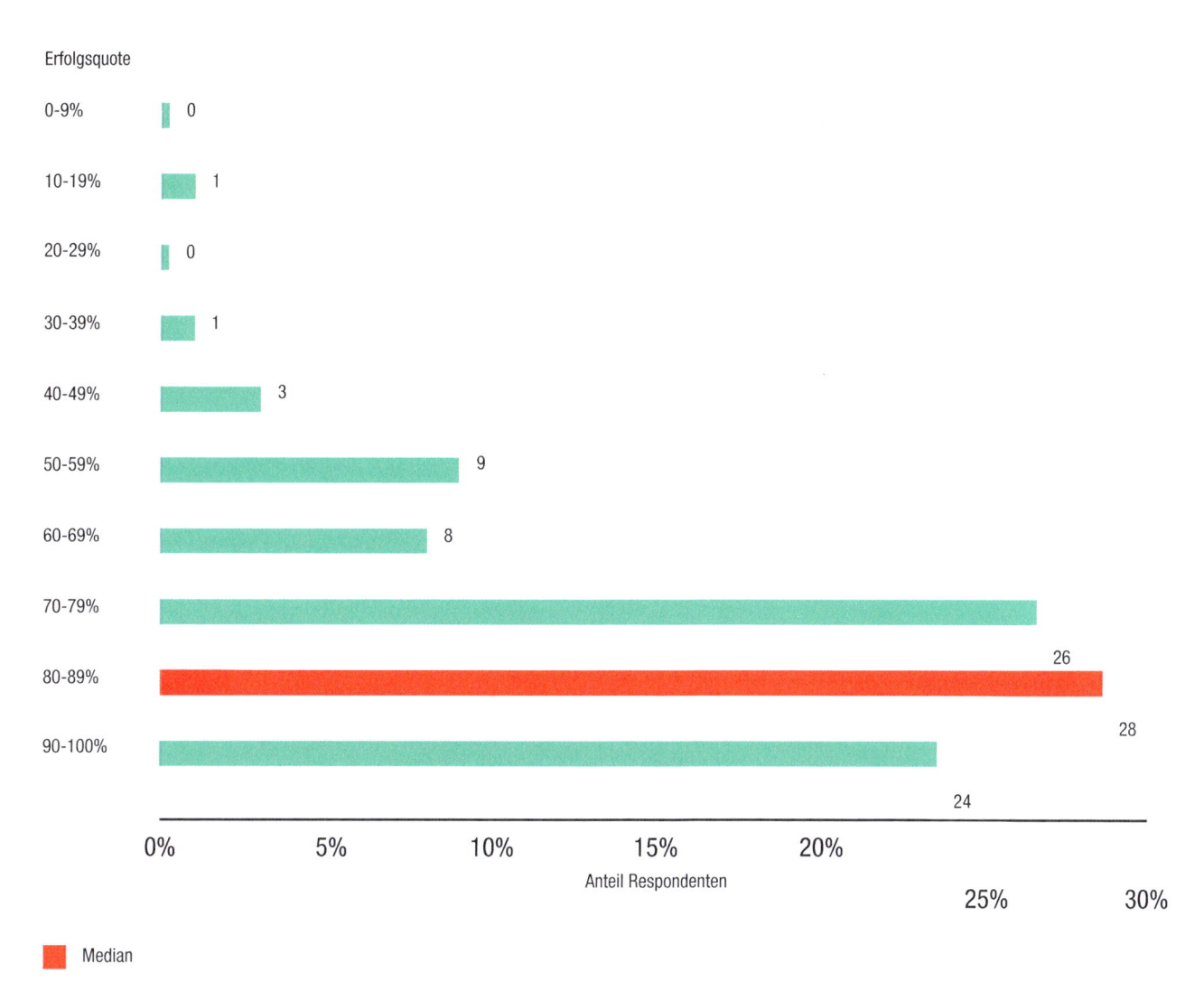

Erfolgsquote

Erfolgsquote	Anteil Respondenten
0-9%	0
10-19%	1
20-29%	0
30-39%	1
40-49%	3
50-59%	9
60-69%	8
70-79%	26
80-89%	28
90-100%	24

■ Median

n = 375 der Teilnehmer, die agile Methoden verwenden (Nur eine Antwort möglich)

Auch in der Eigeneinschätzung der Erfolgsquote der durchgeführten Entwicklungsprozesse haben sich die befragten Anwender agiler Methoden besser bewertet als die Anwender des klassischen Projektmanagements. Die Erfolgsquote der mit agilen Methoden durchgeführten Entwicklungsprozesse lag bei einem Median von 80-89% höher als die Erfolgsquote im klassischen Projektmanagement.

DER AGILE EVALUIERUNGSPROZESS

Was hat dies alles jetzt mit der Ausschreibung und Evaluierung eines E-Commerce-Projektes zu tun. Jede Menge, wenn man bedenkt, dass die Implementierung – wie wir gehört haben idealerweise über agile Managementmethoden erfolgen wird – die Ausschreibung und Evaluierung jedoch „klassische" Bewertungsmaßstäbe und Vorgehensweisen ansetzt, wodurch es zwangsläufig sehr schnell zu Inkompatibilitäten kommen kann bzw. unvermeidlich kommen wird.

Was liegt also näher, als auch den Evaluierungsprozess zu „agilisieren" und mehr Flexibilität und insbesondere Kommunikation anzusetzen. Gerade letzteres ist von entscheidender Bedeutung und die Praxis zeigt es jedes Mal auf Neue: Ein direkter Dialog zwischen Auftraggeber und Dienstleister – und sei er auch nur kurz und knackig – ist meist deutlich wertvoller als seitenweise Dokumente und Beschreibungen.

Das Ergebnis der Weiterentwicklung des Evaluierungsprozesses nennen wir – Trommelwirbel – agilen Evaluierungsprozess.

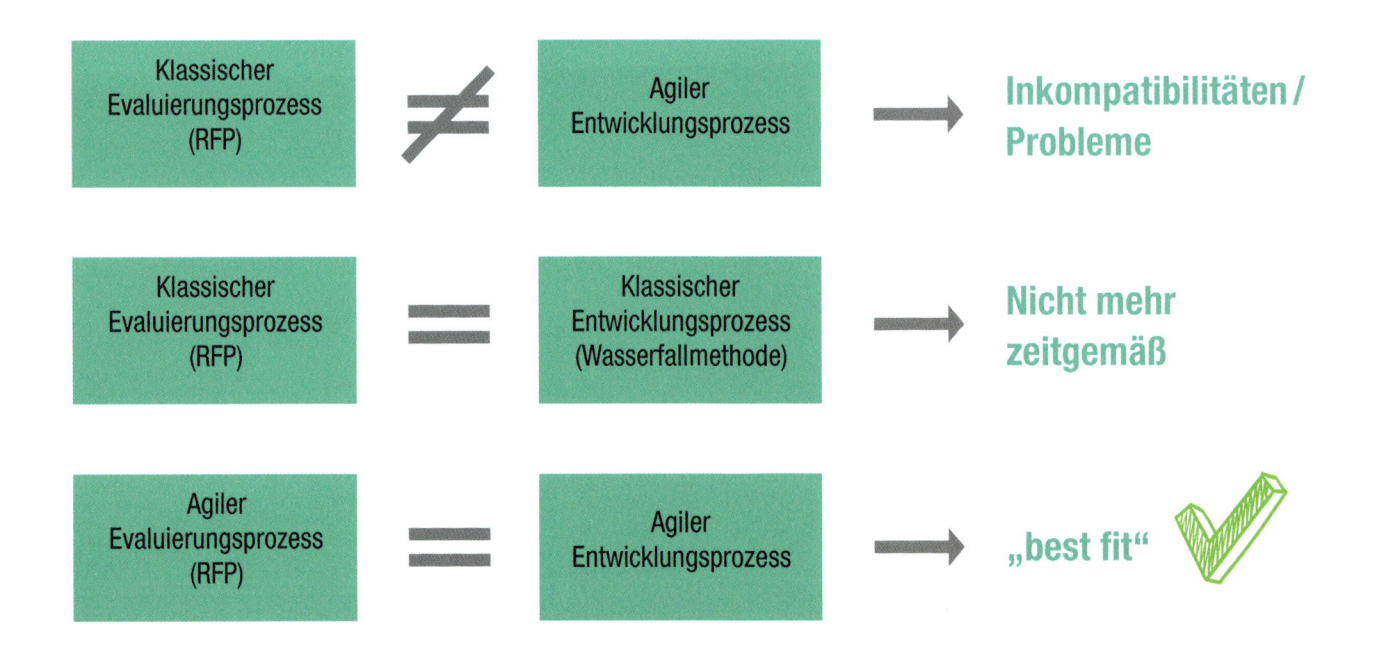

Klassischer Evaluierungsprozess (RFP)	≠	Agiler Entwicklungsprozess	→	**Inkompatibilitäten / Probleme**
Klassischer Evaluierungsprozess (RFP)	=	Klassischer Entwicklungsprozess (Wasserfallmethode)	→	**Nicht mehr zeitgemäß**
Agiler Evaluierungsprozess (RFP)	=	Agiler Entwicklungsprozess	→	**„best fit"** ✓

13.1. KLASSISCHES VORGEHEN VS. AGILES VORGEHEN

Agiles Projektmanagement legt andere Prioritäten als im traditionallen Projektmanagement fest, was sich auf die Inhalte und Vorgehensweisen einer agilen Evaluierung niederschlägt. Die wesentlichen Unterschiede werden in der nachfolgenden Gegenüberstellung aufgelistet. Quelle: http://www.methodsandtools.com/archive/archive.php?id=84

AGILES VORGEHEN	TRADITIONELLES VORGEHEN
PROJEKTZIEL(E)	
Befriedigung der Bedürfnisse von Unternehmen, Usern und Kunden durch Bereistellung von Funktionalitäten, die bei der Zielerreichung helfen.	Umsetzung eines vorab genau definierten Umfangs innerhalb vorgegebener Zeit- und Kostenrahmen.
PROJEKTUMFANG	
Verhandelbar – immer unter der Berücksichtigung eines sog. MVP (Minimal Viable Product), das die Mindestanforderungen abdeckt.	Vorab genau definierter Projektumfang, der häufig als eine Art Wunschliste formuliert wird, die im weiteren Projektverlauf bzw. im Rahmen der Vertragsverhandlung meist gekürzt wird, um die Budget-vorgaben einhalten zu können.
ÄNDERUNGEN DES PROJEKTUMFANGES	
Sind grundsätzlich berücksichtgt. Die Priorität noch nicht implementierter Funktionalitäten kann jederzeit zu Gunsten neuer Features, die einen höheren Business-Value versprechen, reduziert werden.	Während des Projektes nicht vorgesehen. Change-Requests sind häufiger der Grund für Verzögerungen sowie Budgetüberschreitungen. CR werden von Dienstleistern häufig genutzt, um ein günstiges Fixpreisprojekt am Ende doch noch halbwegs rentabel zu machen.
ZEIT	
Schnelle und häufigere Releases, um frühzeitig ROI zu generieren und Erfahrungen zu sammeln.	Ein Release am Ende der Implementierung, wenn alle vorab definierten Funktionalitäten entwickelt sind.
QUALITÄT	
Wird anhand der sog. „Definition of Done" vorab von den Projektbeteiligten definiert und nach jedem Sprint gegengeprüft.	Soll durch eine separate Testphase am Projektende gewährleistet werden. Dadurch erhöht sich das Risiko zusätzlicher Kosten und Verzögerungen, weil etwaige Probleme erst am Ende zu Tage kommen und eine Lösung dann meist aufwändiger ist.

VERTRAUEN

Wird bei agilem Vorgehen im besten Fall vorausgesetzt, ist jedoch vor Beginn einer Zusammenarbeit aufgrund mangelnder Erfahrungswerte häufig schwierig	Mangelndes Vertrauen wird durch vertragliche Regelungen sowie ggf. Strafzahlungen etc. versucht zu kompensiert.

KOSTEN

Idealerweise werden die Kosten mit den Projektbeteiligten gemeinsam anhand des zu generierenden Business Value definiert, in der Regel wird nach tatsächlichem Aufwand ohne Zuschläge abgerechnet, eine Kostendeckelung bei gewisser Flexibilität im Scope ist machbar	Anhand der Lasten- und Pflichtenhefte erfolgt eine Aufwandschätzung, normalerweise mit entsprechenden Risikozuschlägen und einem Fixpreis

RISIKO

Der ROI wird laufend vom Product Owner überwacht. Durch inkrementelle Vorgehensweise sowie laufende Prüfung und Priorisierung mit Fokus auf Business Value wird das Projektrisiko aktiv überwacht und minimiert.	Das Risiko eines Kostenüberschreitung ist eine der größten Gefahren bei der Projektplanung. Daher werden häufig, Fixpreise bzw. Kostendeckelungen sowie fixe Projektumfänge und auch Strafzahlungen angewendet um das Projektrisiko zu reduzieren.

13.2. DIE VIER PHASEN DER AGILEN SOFTWARE-EVALUIERUNG

Analog zu anderen agilen Managementansätzen besteht auch die agile Software-Evaluierung aus mehrere aufeinanderfolgenden Phasen, die sich wie folgt darstellen:

1. Discovery-Phase

2. Translation-Phase (User-Stories/Epics)

3. Auswahl- und Präsentationsphase
  a) Einreichung der Evaluierungsfragen (max. 8 Anbieter)
  b) Vor-Ort-Präsentation (max. 4 Anbieter)

4. Implementierungsphase für Testprojekt (2 Anbieter)

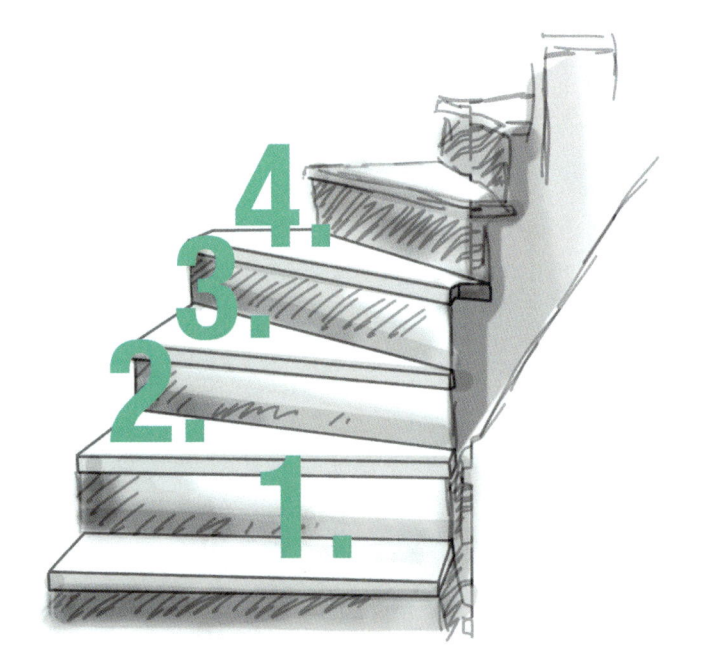

Was es damit im Detail auf sich hat, erläutern wir nachfolgend.

13.2.1. DISCOVERY PHASE

Zu Beginn ist es von entscheidender Bedeutung, sich ein möglichst genaues und umfassendes Bild des Unternehmens, der bestehenden Prozesse, Tools und Probleme sowie der Projektbeteiligten zu verschaffen. Darüberhinaus dient diese Phase dazu, die angedachten Ziele und damit einhergehenden Chancen sowie etwaige Risiken zu beleuchten und mit allen relevanten Parteien zu diskutieren.

Dazu sollte auf Auftraggeberseite zu Beginn ein schlagkräftiges Evaluierungsteam inkl. eines Projektverantwortlichen (PO) gebildet werden. Wichtig ist hierbei, dass alle relevanten Bereiche durch einen Mitarbeiter abgedeckt sind, der zudem auch die dafür notwendige Zeit aufbringen kann und von den Vorgesetzten die notwendige Rückendeckung erhält. Je nach Projektumfang und spezifischen Gegebenheiten kann dieser Aufwand von mehreren Tagen bis hin zu mehreren Wochen reichen. Der eingesetzte Projektverantwortliche sollte sich in der Zukunft idealerweise zum überwiegenden Teil ausschließlich mit dem E-Commerce-Projekt beschäftigen und von den ersten, internen Gesprächen an in alle Vorgänge involviert sein.

Typischerweise sollten nachfolgende Abteilungen und Bereiche (sofern vorhanden und relevant) in den Prozess von Beginn an eingebunden werden:

- Projektmanagement
- Marketing
- IT
- Vertrieb
- Design (sofern vorhanden/relevant)
- UX (sofern vorhanden/relevant)
- Kundenservice/Support
- Operations
- ggf. weitere Bereiche

Dies hat zum einen den großen Vorteil, dass die Bereiche und Mitarbeiter frühzeitig abgeholt und in Entscheidungen, die sie später sicherlich auch betreffen werden, eingebunden sind und zum zweiten können hier die notwendigen Informationen sowie das entsprechende Feedback bereichsübergreifend und direkt „an der Basis" eingesammelt werden. Zudem hat die Praxis gezeigt, dass zwei wesentliche Faktoren Projekte gefährden können:

- Silo-Denken der einzelnen Abteilungen, die nur auf sich und ihre Anforderungen/Besonderheiten achten. Durch einen offenen und agilen Evaluierungsprozess müssen die involvierten Parteien frühzeitig miteinander sprechen und sich abstimmen.

- Durch bewusstes oder unbewusstes Übergehen von Fachabteilungen fühlen sich diese ausgegrenzt und es wäre nicht das erste Mal, dass Projekte in der Folge dann „boykottiert" oder zumindest nicht entsprechend supported werden.

FRAGEN, FRAGEN, FRAGEN

Das wichtigste innerhalb der Discovery-Phase sind Fragen. Hierbei gilt die alte Weisheit, dass es keine dummen Fragen gibt, nur dumme Antworten. Hier sollte im Prinzip jeder Stein umgedreht werden und grundsätzlich möglichst viel in Frage gestellt werden. Sie müssen sich für Ihr Unternehmen und E-Commerce ernsthaft interessieren. Wenn Sie viele Fragen stellen werden Sie selber immer neugieriger:

- Sie hören dann mehr zu als dass Sie selbst sprechen
- Sie bekommen sehr wertvolle und ungefilterte Informationen
- Sie erhalten einen Blick über den Tellerrand
- Optimalerweise können Sie sich einen ersten Eindruck über das „große Ganze" verschaffen

Dabei sollte man sich zuerst auf die grundlegende Philosophie sowie die Ziele des Projektes und nicht bereits vorab auf etwaige Features oder Lösungen stürzen. Darüberhinaus sollten auch im Vorfeld noch keinerlei Architekturentscheidungen getroffen werden, da damit etwaige Lösungsansätze beeinflusst werden können. Beachten Sie hierbei immer: „The more you dictate, the less agile the project is."

Menschen tendieren sehr häufig dazu, vorschnell eine Lösung zu suchen und anzuwenden. Wenn Sie also bei einem Dienstleister eine Projektanfrage stellen und um eine Demo bitten, wird Ihrem Wunsch in vielen Fällen entsprochen werden – auch wenn diese Vorgehensweise absolut nicht zielführend ist. Der Dienstleister weiß, selbst wenn er von Ihnen Unterlagen erhalten hat, noch nichts bzw. kaum etwas über Sie und Ihre Anforderungen. Die entsprechenden Informationen lassen sich auch meist nicht alleine über einen Fragenbogen, sondern erst im Dialog mit Ihnen beantworten. Ein professioneller Dienstleister wird Sie daher unabhängig von Art und Umfang Ihrer Anfrage erstmal mit Fragen „löchern".

Im vorherigen Kapitel haben wir bereits einige Punkte vorgestellt, wie Sie den richtigen Dienstleister finden können. An dieser Stelle sei wieder auf den ersten Eindruck und die ersten Reaktionen und Fragen des Anbieters hingewiesen.

Sofern voreilig Entscheidungen getroffen werden – und zwar unabhängig von der Auswahl der Technologie oder dem Dienstleister – kann dies in der Folge massive nachteilige Auswirkungen haben:

- Sie verschwenden unnötig Ressourcen
- Tatsächliche Probleme werden mitgeschleppt und haften an einm Unternehmen über Jahre
- Aktionismus anstatt verbesserter Produktivität
- Es entstehen Anforderungsdokumente mit jeder Menge Wünsche (die häufig nicht zielführend sind)
- Sie werden über kurz oder lang (neue) Probleme bekommen – im schlimmsten Fall jede Menge davon

DISCOVERY FRAGEN

Die nachfolgenden Fragen sollten Sie zuerst von den Mitgliedern Ihres Evaluierungsteams beantworten lassen und die Ergebnisse dann im Rahmen eines Workshops mit allen Beteiligten diskutieren und priorisieren:

- Was sind Ihre Beweggründe für eine (neue) E-Commerce-Plattform? Kunden, Wettbeweber, First-Mover?
- Welche aktuellen Markttrends beeinflussen Ihr Business am stärksten?
- Wie verändert sich Ihr Business?
- Wie verändert das Internet Ihr Business?
- Was würden Sie sich als Kunde von Ihrem Unternehmen wünschen?
- Welche Kanäle nutzen Sie aktuell um Ihre Produkte oder Dienstleistungen zu verkaufen (Internet, Katalog, Direktvertrieb, Partner etc.)?
- Wie unterscheiden sich Ihre Online-Aktivitäten und -Erfahrungen vom Offline-Bereich?
- Wer sind aktuell Ihre Kunden? Welche Kunden sind am profitabelsten?
- Was ist Ihr derzeit spannendstes Produkt bzw. Produktlinie? Womit werden die größten Gewinne erzielt?
- Wer sind Ihre Hauptkonkurrenten (online und offline)?
- Warum kaufen Kunden bei Ihnen und nicht bei Ihren Konkurrenten und umgekehrt?
- Wie differenzieren Sie sich vom Wettbewerb?
- Was funktioniert in Ihrem bestehenden Shop bereits gut und was nicht? (sofern vorhanden)
- Welche Shops sehen Sie als Vorbilder (in ihrem Umfeld und ganz Allgemein)?
- Haben Sie eine internationale Unternehmensstrategie (mehrere Sprachen und mehrere Währungen)?
- Wie sind Sie personell aufgestellt und wo sehen Sie das Online-Business (zukünftig) angesiedelt?
- Wenn Sie sich Ihre aktuellen Anforderungen ansehen – beurteilen Sie diese eher als komplex oder eher als Standard?
- Woher kommen ihre Produktdaten aktuell? Sind diese kundenfreundlich aufbereitet und entsprechend verwendbar?
- Welche Online-Marketing-Maßnahmen nutzen Sie aktuell (SEO, SEM, Display, Affiliate, Email etc.)?
- Was muss passieren, dass das Projekt nach Abschluss von Ihnen als erfolgreich bewertet wird? Welche Kriterien sind hier für Sie ausschlaggebend?

WIE FINDEN SIE DIE SCHLÜSSEL-THEMEN UND GRÖSSTEN POTENTIALE?

Zum Einstieg sollten die unternehmensweiten Ziele und Vorgaben als Ausgangsbasis genommen und mit den folgenden Fragestellungen gematched werden. Die Beantwortung und Diskussion dieser Fragen sollte dann ebenfalls vom gesamten Projektteam im Rahmen eines Workshops erfolgen:

1. Wie stellt sich die aktuelle Situation dar und wie werden etwaige Probleme heute gelöst?
2. Wie sollte die Situation durch den Onlineshop zukünftig aussehen?
3. Wer sind die primären User / Usergruppen?
4. Was bedeutet der geplante Onlineshop für die User (intern und extern)?
5. Was bedeutet der geplante Onlineshop für das Unternehmen?
6. Was wurde in der Vergangenheit falsch gemacht und wie kann verhindert werden, dass das zukünftig weiterhin passiert? Was sind die größten nicht funktionalen Probleme, die zwingend gelöst werden müssen.
7. Wie sieht das Projektmanagement in der Praxis aus? Wer hat welche Rolle und Befugnisse?
8. Wie viel ist das Projekt dem jeweiligen Bereich in Abhängigkeit der Mehrwerte, die damit einhergehen, Wert?

Die Discovery-Phase dient also dazu, die Anforderungen und Besonderheiten möglichst aller involvierten Stakeholder zu erfassen und eine „Short-List" mit potentiellen Dienstleistern zu erstellen. Hier empfiehlt es sich – auch aus Kosten-/Nutzensicht – den Umfang auf max. 8 Dienstleister zu beschränken.

Beachten Sie hierzu auch das vorherige Kapitel in dem wir grundlegende Tips zur Auswahl eines passenden Dienstleisters geben.

13.2.2. TRANSLATION-PHASE (USER-STORIES/EPICS)

Während die Discovery-Phase – wie der Name bereits suggeriert – dazu dient, den Status Quo, das Umfeld und die Besonderheiten sowie die Ziele intensiv zu hinterfragen und mit den einzelnen Stakeholdern abzugleichen, dient die Translation-Phase dazu, die gewonnenen Informationen zu clustern, zu priorisieren, mit den allgemeinen Unternehmenszielen nochmals zu matchen und am Ende dann High-Level User-Stories/Epics für die wichtigsten Bereiche/Anforderungen zu formulieren. In der Praxis hat sich gezeigt, dass auch hier zu detaillierte Vorgaben und zu granular ausgearbeitete User-Stories/Epics nicht notwendig sind bzw. eher kontraproduktiv wirken, da sie die Vorteile und den Charme der agilen Vorgehensweise unterdrücken und Dienstleister ggf. unnötig und frühzeitig in ein Korsett gedrängt bzw. mögliche Lösungsansätze bereits im Vorfeld ausgeklammert werden.

Aus Kosten-/Nutzensicht reicht es unserer Erfahrung nach auch aus, die Anforderungen in sog. Epics zu formulieren, da sich im weiteren Prozess und Dialog häufig – wie dies bei agilem Projektmanagement auch vorgesehen ist - mitunter noch massive Änderungen ergeben können:

USER-STORY VS. EPIC

„Eine User-Story („Anwendererzählung") ist eine in Alltagssprache formulierte Software-Anforderung. Sie ist bewusst kurz gehalten und umfasst in der Regel nicht mehr als zwei Sätze, in folgender Form: „Als <Rolle> möchte ich <Ziel/Wunsch>, um <Nutzen>". Dabei sollte die User-Story eine Implementierungszeit von 8 Stunden nicht überschreiten. Ggf. muss eine Aufsplitterung erfolgen.

Beispiel:
Als Kunde möchte ich ein Konto erstellen können, damit ich meine Käufe des letzten Jahres sehen kann, um mein Budget für nächstes Jahr zu planen.

Unter einem Epic versteht man im Kontext des Anforderungsmanagements die Beschreibung einer Anforderung an eine neue Software auf einer hohen Abstraktionsebene. Die Beschreibung der Anforderung geschieht dabei in der Alltagssprache (analog zu User Stories). Epics dienen dabei zur Entwicklung eines Product Backlogs im Rahmen von Scrum. Sie geben dem Autor die Möglichkeit, zunächst eine aggregierte, grobgranulare Sicht auf neue Produktanforderungen zu entwickeln, ohne auf die Details einer Anforderung eingehen zu müssen." (Quelle: Wikipedia)
Demnach sind Epics Aufgaben auf Feature-Ebene, die viele User Storys umfassen.

Beispiel:
Im obigen Beispiel würde ein Epic möglicherweise das gesamte Kontomanagement-Feature und die Funktion zum Anzeigen vorheriger Käufe umfassen.

Die nachfolgenden Parameter sollten dabei als erste grobe Orientierung für etwaige Epics dienen und stellen lediglich eine Diskussionsgrundlage für ihr Evaluierungsteam dar:

- Startseite
- Kategorieübersichtsseite
- Produktdetailseite
- Suche und Navigation
- Content/Contentmanagement
- Suchmaschinenoptimierung (SEO)
- B2B Login
- Warenkorb
- Checkout
- Kundenkonto
- Marketingtools
- Schnittstellen zu Drittsystemen
- etc.

Um die entsprechenden Epics festzuhalten kann beispielsweise nachfolgende Tabelle verwendet werden, die von jedem Bereich/Stakeholder ausgefüllt und am Ende mit allen Stakeholdern nochmals diskutiert und finalisiert wird:

Stakeholder/ Rolle	Beschreibung	Aufgaben & Pflichten	Erwartungen	Abhängigkeiten	Prio (1 - 6)

13.2.3. AUSWAHL- UND PRÄSENTATIONSPHASE

In die Auswahlphase sollten Sie aus Kosten-/Nutzensicht maximal 8 Anbieter aufnehmen und Sie bitten, die nachfolgenden Agendapunkte 4 und 5 möglichst umfassend zu beantworten. Die in der unten stehenden Grafik grün hinterlegten Punkte werden von Auftraggeber übernommen.

Darüberhinaus sollten vom Dienstleister die folgenden Punkte bearbeitet und beantwortet werden:

1. Stellen Sie Ihr Unternehmen auf max. 20 Folien mit Historie und etwaigen Besonderheiten (Auszeichnungen etc.) vor.
2. Wie sieht Ihre Mitarbeiterstruktur aus? Haben Sie die für dieses Projekt benötigten Skills und Ressourcen? Haben Sie Erfahrung mit vergleichbaren Projekten (Projektumfang und Komplexität)?
3. Welche Referenzen können Sie nennen und besteht hier die Möglichkeit eines direkten Kontaktes?
4. Wie würde ein mögliches Projektteam aussehen? Wieviel Erfahrung hat dieses Team mit agiler Softwareentwicklung? Wie lange arbeitet das Team bereits zusammen?
5. Sie haben von uns bereits entsprechende User-Stories/Epics erhalten. Bitte schätzen Sie hierfür die Story Points. Wie beurteilen Sie die Komplexität des Projektes anhand von Story Points?
6. Wie beurteilen Sie die erwartete Velocity des vorgesehenen Teams in Story Points pro Sprint?

Sofern ein Dienstleister Erfahrung mit agiler Softwareentwicklung hat, sollten insbesondere die Fragen Nr. 4 bis 6 relativ problemlos beantwortbar sein. Nach Versand der Ausschreibungsunterlagen sollten vom Dienstleister typischerweise jede Menge Rückfragen – entweder in Form eines standardisierten Fragebogens oder „freestyle" – zurück kommen. Die Reaktion sowie Art und Umfang der Rückmeldung sollte für Sie bereits als erster Gradmesser für die weitere Auswahl berücksichtigt werden:

- Wie schnell erfolgt eine erste Rückmeldung?
- In welcher Form erfolgt die Rückmeldung (Standard-Email, spezifische Email, Telefonat)?
- Welche grundsätzlichen Fragen werden gestellt? Wie viele Fragen werden gestellt und wie zielgerichtet sind die Fragen?
- Bringt der Dienstleister bereits hier aktiv Vorschläge ein und Ergeben sich aus den ersten Rückmeldungen bereits konkrete Änderungsansätze oder neue Ideen auf Ihrer Seite?
- Wer bzw. welche Mitarbeiter/Positionen werden bei etwaigen Telefonaten auf Dienstleisterseite in die Gespräche involviert?
- Bietet der Dienstleister an, das Projekt und etwaige Fragestellungen im Vorfeld bei einem persönlichen Termin zu besprechen?

Gerade für letzteren Fall sollten Sie sich mit den relevanten Kollegen im eigenen Interesse Zeit nehmen.

Danach sollte der Dienstleister in der Lage sein, eine erste Projektabschätzung in Form eine Kostenkorridors – aufgrund noch fehlender Spezifikationen natürlich auch noch mit entsprechenden Unschärfen – abgeben zu können. Hier sollten Sie zudem darauf achten, dass der Anbieter ggf. noch Annahmen trifft bzw. Erläuterungen zur Schätzung angibt um das Ganze besser verfizieren zu können.

Anhand der erfolgten Vorabgespräche sowie der gelieferten Unterlagen sollten Sie in der Lage sein, vier Anbieter für eine Präsentation bei Ihnen vor Ort auszuwählen. Hierbei empfiehlt es sich, als primäres Entscheidungskriterium jedoch nicht die genannten Aufwände, sondern die Qualität und den Umfang der

übersandten Unterlagen sowie die Fragestellungen und das „Feeling" im Vorfeld heranzuziehen.
Die vier Favoriten präsentieren dann ihre Unterlagen und Vorüberlegungen bei Ihnen vor Ort. Hierzu kommt jetzt etwas, für das Sie „ganz stark sein müssen" und das Ihnen – während Sie das hier lesen, vermutlich bereits ihr Gesicht erröten lässt. Es wird sich am Ende jedoch auszahlen!

LASSEN SIE DIE HOSEN RUNTER!
Vermutlich werden Sie jetzt denken, dass das ja kommen musste, da der Artikel von einem Dienstleister verfasst wurde. Dem kann und will ich auch nicht wiedersprechen, allerdings führt die Vorgehensweise nachweislich zu besseren Endresultaten. Und jetzt kommt´s:

Nennen Sie den vier präsentierenden Unternehmen das Budget auf Dienstleisterseite. Ich erkläre Ihnen auch warum! Wir haben im Vorfeld bereits mehrfach das Thema Transparenz angesprochen und Sie wünschen sich vermutlich von einem möglichen Dienstleister auch weitestgehende Transparenz – und zwar zu Recht. Im umgekehrten Fall ist es da doch nur fair und auch absolut zielführend, wenn Sie hier „die Hosen runter lassen" und dem Dienstleister mitteilen, welches Projekt- bzw. Dienstleistungsbudget auf Ihrer Seite eingeplant wurde. Dann wissen alle Beteiligten was Sache ist und können sich entsprechend darauf einstellen. D. h. die Dienstleister können ggf. technischen „Schnick-Schnack" weglassen und einen pragmatischeren Ansatz wählen oder im umgekehrten Fall die Premium-Lösung mit Rocket-Science anvisieren. Wichtig dabei ist, dass die grundsätzliche Qualität unabhängig von Scope und Komfortgrad der Implementierung gewährleistet wird. Dies kann am zielführendsten durch größtmögliche Transparenz auf beiden Seiten geschehen.

Wenn Sie ein Haus bauen möchten, haben Sie in der Regel auch einen Budgetrahmen vor Augen, innerhalb dessen Ihr Traum vom Eigenheim verwirklicht werden soll und dies ermöglicht es einem Architekten, die richtige Größe und die passenden „Features" einzuplanen. Ein Millionenbudget wird „zwangläufig" zu einem anderen Endergebnis führen als ein Budget von EUR 500.000.-. In beiden Fällen bekommen Sie idealerweise das Optimum für Ihr Geld, allerdings jeweils auf einem anderen Level und mit Unterschieden in den Details.

Neben Transparenz ist Vertrauen eine weitere Grundvoraussetzung für eine erfolgreiche Zusammenarbeit (Partnerschaft). Natürlich ist es nicht einfach oder auch kaum machbar, einem unbekannten Dienstleister blind zu vertrauen. Auf der anderen Seite ist es aber doch auch so, dass man mangelndes Vertrauen mit Mißtrauen gleichsetzen kann – dies ist wiederum eine denkbar ungünstige Basis für eine Zusammenarbeit. Dies gilt im übrigen für beiden Seiten, da der Dienstleister auch darauf vertrauen muss, dass etwaige Fehleinschätzungen o. ä. vom Auftraggeber nicht ausgenutzt werden und er am Ende entsprechend entlohnt wird. Wie hieß es in einem früheren Werbespot aus meiner Sicht sehr treffend: „Vertrauen ist der Anfang von Allem!"

WICHTIG:
Transparenz, Vertrauen und Fairness reduzieren den administrativen Overhead, was in der Konsequenz bedeutet, dass der Großteil des Budgets auch wirklich für die Implementierung und nicht für vermeintlich „absicherndes Beiwerk" verwendet wird; die Effizienz im Projekt steigt damit signifikant und das Endergebnis verbessert sich!

Wie schafft man es also, eine bessere Basis für entsprechendes Vertrauen zu schaffen? Unser Ansatz: Man startet eine Testphase der Zusammenarbeit!

DER AGILE AUSSCHREIBUNGS- UND EVALUIERUNGSPROZESS

1. EINFÜHRUNG (Unternehmensvorstellung durch den Auftraggeber)

2. AKTUELLE SITUATION (Status Quo)

3. VORSTELLUNG DER PROJEKTZIELE — **AUFTRAGGEBER**
   a, Unternehmensziele
   b, Produkt-Mission (Was bedeutet das Projekt für das Unternehmen)
   c, Elevator-Pitch (Was bedeutet das Projekt für den User)
   d, Mögliche Projektrisiken

4. PROJEKTVORGABEN
   a, Risikomanagement
   b, Projektorganisation
   c, Rollen und Verantwortlichkeit
   d, Work-Flows
   e, Qualitätssicherung — **DIENSTLEISTER**

5. ANFORDERUNGEN
   a, Bereich /Personas
   b, User-Stories /Epics
   c, Workflows

6. BUDGETDISKUSSION
   a, Potentielle Vorteile und Einsparungen — **AUFTRAGGEBER & DIENSTLEISTER**
   b, Budgetempfehlungen

7. AUSWAHLPROZESS — **AUFTRAGGEBER**

EINGEREICHTE UNTERLAGEN

VOR - ORT - PRÄSENTATION

13.2.4. IMPLEMENTIERUNGSPHASE

Im Vorfeld wird Ihnen jeder Dienstleister erzählen, wie gut und erfolgreich eine Zusammenarbeit laufen wird und welche Projekte und Referenzen in der Vergangenheit erfolgreich implementiert wurde. Dies ist soweit auch vollkommen in Ordnung. Allerdings muss hier einmal mehr gesagt werden, dass jedes Projekt und jeder Kunde anders ist und es hier auf eine Vielzahl von Komponenten ankommt, um am Ende erfolgreich zu sein und alle Beteiligten zufrieden zu stellen:

- Die grundsätzliche Chemie zwischen den Beteiligten muss passen.
- Das „Mindset" (Arbeitsweise und grundlegende Vorstellungen) muss zueinander passen.
- Die Art der Kommunikation und Zusammenarbeit muss funktionieren.
- Es muss eine vergleichbare Augenhöhe gewährleistet werden.
- Ehrlichkeit, Fairness und Transparenz in den relevanten Bereichen muss möglich sein.
- Konstruktive Kritik muss von beiden Seiten akzeptiert werden.
- Man muss lernen, wie der jeweils Andere „tickt" (Do´s und Dont´s)

Es muss ein vertrauensvolles, faires und angenehmes Zusammenarbeiten möglich sein!

Dies alles wird man nicht durch fancy Präsentationen und etwas „Small-Talk" herausfinden. Die tatsächliche Wahrheit wird erst während der Arbeit zum Vorschein kommen. Insofern empfehlen wir eine testweise Zusammenarbeit der beiden Gewinner aus der Präsentationsphase über einen Zeitraum X. Dabei sollte der Zeitraum nicht zu kurz, aber auch nicht zu lang gewählt werden, um möglichst effizient vorgehen zu können, da eine solche, parallele Testphase mit zwei Dienstleistern natürlich auch vermehrten Aufwand sowohl auf Zeit- als auch auf Kostenseite bedeutet.

DAS TESTPROJEKT

WICHTIG!!! Um hier wirklich eine vernünftige Beurteilungsbasis zu schaffen, ist es aus unserer Erfahrung heraus wichtig, dass dieses Testprojekt „normal" vergütet wird und hier nicht kostenlose Entwicklungsleistung als in der Regel knappstes und daher wertvollstes Gut vom Dienstleister verlangt wird. Nur so kann auch sichergestellt werden, dass der Dienstleister auch wirklich die entsprechenden Mitarbeiter mit den notwendigen Skills einsetzt bzw. einsetzen kann (und nicht ein „Demo-Team" mit den besten Leuten) und nur so kann dann auch eine wirkliche verlässliche Vergleichsgrundlage geschaffen und eine praxisorientierte Bewertung vorgenommen werden. Der Gewinner des Testprojektes erhält dann den Zuschlag für das komplette Projekt sowie ggf. spätere Weiterentwicklungen. Der Verlierer wird für die geleisteten Stunden gemäß vorher vereinbarter Vergütung entlohnt.

Das Testprojekt sollte dabei ein oder mehrere Arbeitspakete bzw. Epics aus dem Backlog enthalten und sich daher bereits mit dem tatsächlichen Projekt beschäftigen um möglichst wenig Waste zu produzieren. Zu Beginn erhalten beide Teilnehmer gleichzeitig ein Backlog mit entsprechenden Aufgaben, das ihnen vor Beginn des Projekts vom Kunden nochmals detailliert vorgestellt wird. Hierzu muss auch gewährleistet sein, dass genügend Zeit und Ressourcen für etwaige Rückfragen bereitgestellt werden. Nach dem „Briefing" und der Klärung offener Fragen, wird der Startschuss für die parallele Implementierung gegeben. Als Umfang könnte hier beispielsweise eine klassische bzw. häufig angewendete Sprintlänge von 2 Wochen gewählt werden. Am Ende des Testzeitraums erfolgt dann einzeln die Vorstellung der Implementierung vor dem kompletten Evaluierungsteam.

Ob und inwiefern man sich hier z. B. für eine teilweise Anrechnung der Aufwände oder ein sonstiges „Goodie" für den späteren Gewinner einigt, bleibt dabei den beiden Verhandlungspartnern überlassen. Es sollte nur gewährleistet werden, dass der Verlierer für die erbrachten Aufwände angemessen entlohnt wird. Auch hier sollte wieder das Thema Ehrlichkeit und Fairness zum tragen kommen.

RAHMENBEDINGUNGEN:

Beim Testprojekt wird ein Dienstleistungsansatz nach Time & Material gewählt. Hierzu kann bzw. sollte im Vorfeld der Umfang (Anzahl Mitarbeiter, Stunden, Stundensatz) sowie die Zahlungsmodalitäten definiert werden. Darüberhinaus sollten Sie sich absichern, was mit den erstellten Implementierungen in beiden Fällen passiert, d. h. wer das Eigentum daran erhält und wie es mit einer etwaigen Weiternutzung aussieht.
Ein zentraler Punkt sollte hier aber im Vorfeld noch geklärt und fixiert werden: Das Testprojekt muss zwingend mit dem tatsächlich vorgesehenen Team realisiert werden!

BEURTEILUNG:

Zur Beurteilung der beiden Ergebnisse können verschiedenen Parameter und Skills herangezogen werden. Nachfolgend die aus unserer Sicht offensichtlichsten Kriterien:

- Qualität der Implementierung
- Umfang der Implementierung (Basisfaktoren sowie ggf. Begeisterungsfaktoren)
- „Company-Fit", d. h. wie passt die Chemie zwischen den beiden Unternehmen und den involvierten Personen
- Effizenz und Kosten

Zur skizzierten Vorgehensweise noch ein kleines Rechenbeispiel:

Gehen wir mal davon aus, dass das vorliegende Projekt mit einer initialen Kostenschätzung bzw. einem Budget von EUR 400.000.- belegt wurde und gehen wir weiter davon aus, dass ein Team von 4 Entwicklern an diesem Projekt arbeitet. Wenn wir nun ein Testprojekt über einen Sprint von 2 Wochen ansetzen würde die Rechnung für das Testprojekt unter den genannten Annahmen wie folgt aussehen:

ANNAHMEN:

- Stundensatz: EUR 100.-
- Teamgröße: 4 Entwickler, 1 Product Owner
- Arbeitszeit Entwickler: 80%
- Arbeitszeit PO: 50% (auf Kundenseite wird ebenfalls ein Projektverantwortlicher gestellt)
- Wochenarbeitszeit: 40 Std.
- Aus Vereinfachungsgründen verzichten wir auf einen Scrum-Master
- Aufwände auf Seiten des Auftraggebers wurden hier ausgeblendet, da entsprechende Aufwände bei jeder vernünftigen Ausschreibung anfallen und die Kosten hierfür bei klassischer Vorgehensweise ggf. auch noch deutlich höher ausfallen können.

13.3. KOSTEN FÜR DAS TESTPROJEKT:

Da die Lösung des Gewinnerteams bereits einen ersten Teil des Projektes darstellt, muss „nur" der Aufwand für das zweite Team, also die errechneten EUR 25.600.- als externe bzw. zusätzliche Kosten für das Testprojekt angesetzt werden.

Wenn man jetzt noch nach folgende Fakten heranzieht, kann sich dieses Investment als äußerst sinnvoll darstellen:

- Durch ein überschaubares, einmaliges Investment (in unserem Beispiel in Höhe von lediglich 6,4% der externen Projektkosten) erhält man ein Höchstmaß an Anbietersicherheit (Company-Fit).
- Man verliert keine zusätzliche Zeit, da die Implementierung bereits Teil des Projektes ist.
- Man erhält verlässliche Zahlen und Daten zur Effizienz des Dienstleisters sowie echte Ergebnisse zur Beurteilung der Qualität.
- Ggf. erhält man noch wichtige Impulse und Ideen für die weitere Entwicklung.
- Das Projektteam kann sich bereits im Vorfeld aufeinander einstellen, einarbeiten und sich besser kennenlernen.
- Durch die Zusammenarbeit kann bereits der erste Schritt für den Aufbau von unbedingt notwendigem Vertrauen erfolgen.
- Im Worst-Case hat man mit dem zweitplatzierten Dienstleister noch einen Plan B in der Hinterhand.
- Durch die Wettbewerbssituation sind beide Anbieter gezwungen (wie auch im späteren Projekt) bestmögliche Leistung abzuliefern.

Wenn man dazu noch berücksichtigt, dass ein nicht unwesentlicher Teil von IT-Projekten aufgrund von falsch gewählter Technologie und/oder falsch gewähltem Dienstleister scheitert bzw. in Schieflage gerät und dadurch enorme Mehraufwände produziert werden, erscheint der vorgestellte Ansatz noch plausibler und ökonomischer. Sie müssen nur bedenken, was es bedeuten würde, wenn in unserem Beispiel erst zur Hälfte des Projektes ersichtlich würde, dass man die falsche(n) Entscheidung(en) getroffen hat. In diesem Fall wären dann möglicherweise bereits EUR 200.000.- investiert worden und es hieße im Worst-Case „zurück auf Los". Dann wäre nicht nur ein enormer Kostenaufwand enstanden, sondern man hätte zudem massiv Zeit verloren, die sich im schlimmsten Fall zusätzlich negativ auf die weitere Unternehmens-/Umsatzentwicklung auswirken würde. Darüberhinaus müsste man hier sicherlich auch intern zusätzlich die eine oder andere Schramme „kitten"!

AM ENDE BEDEUTET DIES UNTER DEM STRICH KOSTENEINSPARUNGEN BEI GLEICHZEITIGER RISIKOMINIMIERUNG! LETZTERES GILT ZUDEM FÜR BEIDE PARTNER, WAS WIEDERUM AUF DAS KONTO „TRANSPARENZ, EHRLICHKEIT UND FAIRNESS" EINZAHLT. EINMAL MEHR EIN INVEST IN EINE ECHTE UND ERFOLGSVERSPRECHENDE PARTNERSCHAFT!

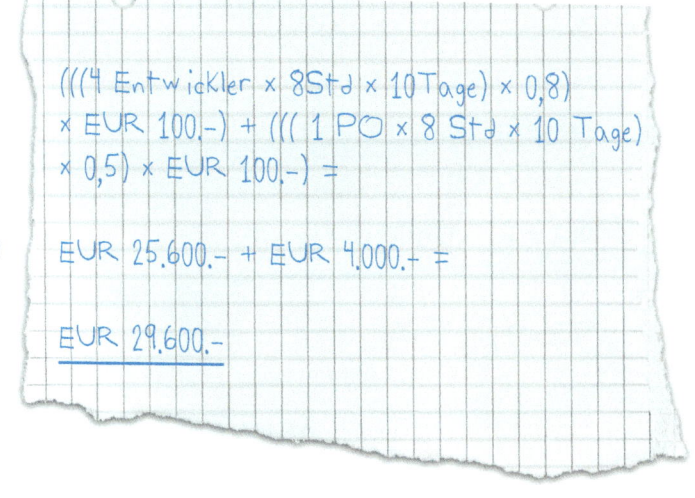

$$(((4 \text{ Entwickler} \times 8 \text{ Std} \times 10 \text{ Tage}) \times 0,8) \times \text{EUR } 100,-) + (((1 \text{ PO} \times 8 \text{ Std} \times 10 \text{ Tage}) \times 0,5) \times \text{EUR } 100,-) =$$

$$\text{EUR } 25.600,- + \text{EUR } 4.000,- =$$

$$\underline{\text{EUR } 29.600,-}$$

FAZIT

Agile Arbeitsweisen erobern nicht umsonst seit einigen Jahren die Wirtschaft – und zwar nicht nur im IT-Sektor. Die Ansätze agiler Methoden zielen auf eine schnellere Time-to-Market, bessere sowie passendere, flexiblere Lösungen und einen höheren Business Value anstatt auf vorab fest definierte und fixierte Wunschszenarien, die durch hohen Administrativen Aufwand und diverse Strafen gesteuert werden. Zu agiler Softwareentwicklung passt am besten auch ein agiler Evaluierungsprozess, der in der Regel deutlich günstiger und praxisorientierter machbar sein wird und bei konsequenter Anwendung auch die besseren/passenderen Ergebnisse bzw. höhere Sicherheit für den Auftraggeber bietet. Insofern kann dieses Vorgehen nur jedem Unternehmen zur Evaluierung möglicher Software-Lösungen und Dienstleistungspartner nahegelegt werden.

Sollten Sie noch Fragen zur vorgestellten Vorgehensweise haben oder Unterstützung bei der Durchführung dieses Prozesses benötigen, stehen wir Ihnen natürlich jederzeit gerne zur Verfügung.

AGILE ARBEITSWEISEN EIGNEN SICH NICHT NUR FÜR ENTWICKLUNG...

Entstanden in der Software Entwicklung, finden agile Entwicklungsansätze, dank ihres Erfolgs, zunehmend Anwendung in nahezu allen Branchen und den verschiedensten Unternehmensbereichen. Der derzeit populärste Ansatz der agilen Entwicklung ist der Scrum Ansatz. Auch UX-Professionals und Usability Engineers müssen sich zunehmend der Aufgabe stellen, wie man beispielsweise den UX-Prozess effektiv in eine agile (Scrum-)Entwicklung integrieren kann.

In der Theorie sind beide Themenfelder gut kombinierbar und bieten bei grundlegender und frühzeitiger Beachtung größtes Potential; in der Praxis hingegen kommt es oft zu Spannungen zwischen den einzelnen Stakeholdern im Projekt.

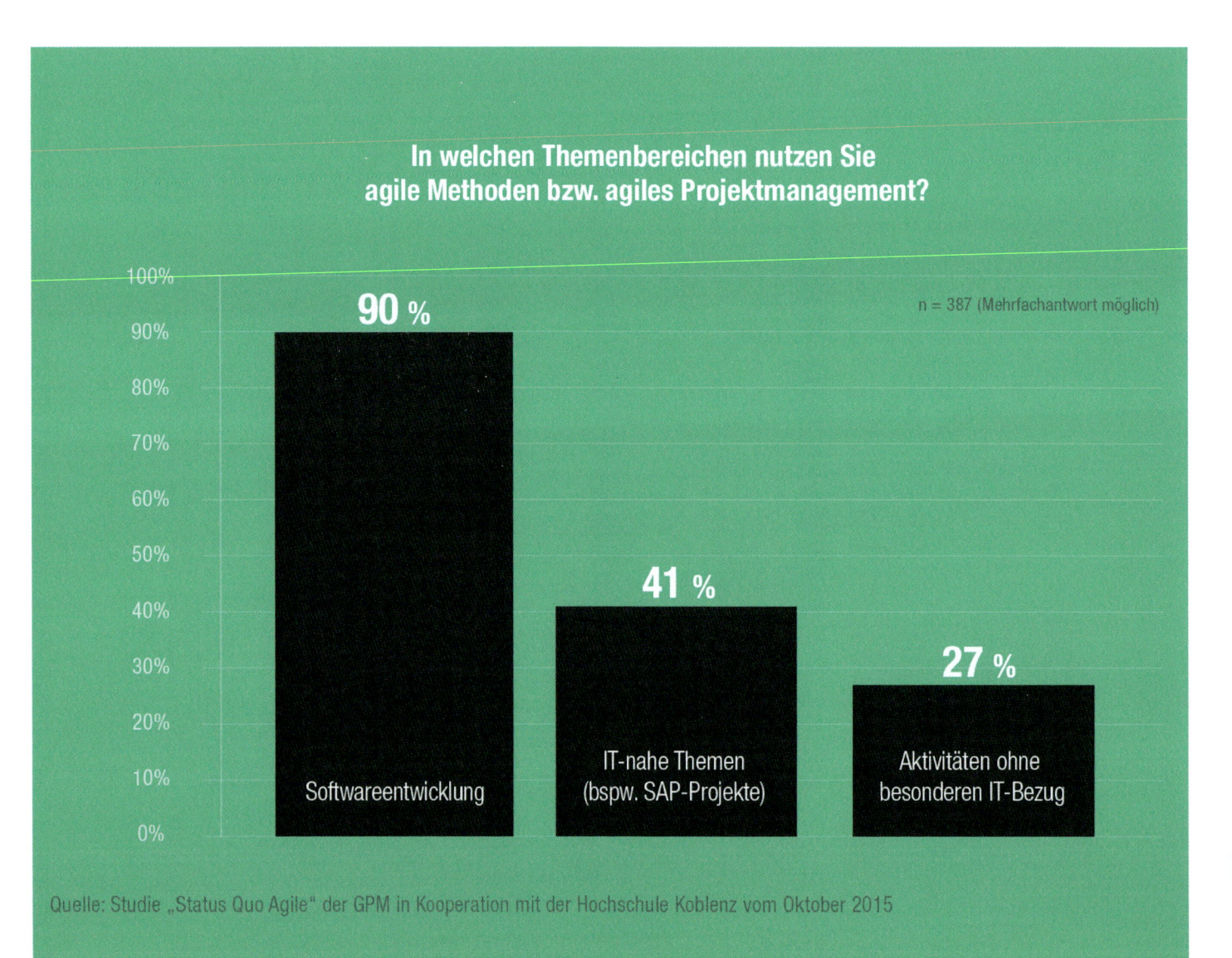

In welchen Themenbereichen nutzen Sie agile Methoden bzw. agiles Projektmanagement?

n = 387 (Mehrfachantwort möglich)

Softwareentwicklung	90 %
IT-nahe Themen (bspw. SAP-Projekte)	41 %
Aktivitäten ohne besonderen IT-Bezug	27 %

Quelle: Studie „Status Quo Agile" der GPM in Kooperation mit der Hochschule Koblenz vom Oktober 2015

15.1. PROBLEM DER USABILITY ENGINEERS:

Usability Professionals kämpfen oft damit, wie Sie qualitativ hochwertige Gestaltungslösungen und Handlungsempfehlungen im iterativen Prozess gewährleisten können.

15.2. PROBLEM DES ENTWICKLUNGSTEAMS:

Das Scrum-/Agile-Team und die technische Entwicklung sind in Bezug auf die Integration von UX-Prozessen häufig wenig geschult, dies liegt daran, dass bei angebotenen Zertifizierungen bisher kaum auf das Thema eingegangen wird. Auch wird die Herangehensweise und die Arbeitsweise noch immer als eine schwierig einzuschätzende BlackBox betrachtet, wodurch Probleme vorprogrammiert sind. Durch fehlendes gegenseitiges Verständnis entstehen schnell Barrieren in Teams, welche die effektive und effiziente Zusammenarbeit hemmen.

„Stärker rudern hilft nicht, wenn die Richtung nicht stimmt!"

Bildquelle: https://pixabay.com/de/wasser-stromschnellen-mann-m%C3%A4nnlich-1209753/

15.3. LÖSUNGSANSATZ:

Die Lösung der Spannungen und Barrieren liegt in der Kommunikation miteinander. Wenn sowohl Usability-Experten frühzeitig in die Entwicklerteams integriert werden, als auch die Entwickler möglichst zu Projektbeginn aktiv in den Usability-Prozess eingebunden werden, dann entsteht auf dieser Basis ein gegenseitiges Verständnis und eine nachhaltig erfolgreiche Zusammenarbeit wird gewährleistet. Dieser Prozess kann durch die 3 Stufen des organisationalen Lernens abgebildet werden:

- Individuelles Lernen: das Wissen von Individueen
- Kollektives Lernen: individuelles Wissen wird Teil eines gemeinsam genutzten Wissensvorrates
- Organisatorische Verankerung: Organisatorische Absicherung der Anwendung und der Umsetzung kollektiven Wissens

Erst wenn die Mitglieder der Organisation bereit zur Veränderung sind, eine entsprechend hohe Lernmotivation besteht, die Individuen eine Bereitschaft zur Selbstkritik haben und eine Bewusstheit zur Reflexion besteht, ist eine Organisation bereit zu lernen. Hierbei müssen auch immer die Aspekte des Change Managements beachtet werden.

Die Phasen: Unfreezing, Change, Refreeze sowie deren Stellschrauben müssen demnach Berücksichtigung finden.

15.4. 3 PRAXIS-TIPPS FÜR EINE ERFOLGREICHE INTERDISZIPLINÄRE ZUSAMMENARBEIT

1. RESPEKT UND VERTRAUEN

Vertrauen und Respekt basieren auf Transparenz und ehrlicher Kommunikation. Usability-Engineers sollten alle Projektbeteiligten (Produkt Manager, Manager des Entwicklungsteams und das Entwicklerteam) kontinuierlich einbinden. Teams können bspw. als Beobachter zu Benutzerinterviews eingeladen werden. Zudem sollten Layout- Dokumente und Design Iterationen, sowie Fakten für Entscheidungsgrundlagen offen kommuniziert werden. Weitere Stellschrauben können das Einholen von Meinungen zu bestimmten Designs oder Handlungsempfehlungen (etwa aus technischer Sicht) sein. Darüberhinaus sollte auch die Möglichkeit von konstruktivem Feedback in beide Richtungen genutzt werden.

Durch das aktive Einbeziehen aller Projektbeteiligten und durch die interne Unterstützung des Top-Managements wird der Mehrwert, den der Usability Engineer für ein Team und dessen Ergebnis bildet, auf Vertrauen, Respekt und Wertschätzung treffen. Grundsätzlich gilt es, hier häufig vorhandenes Silo-Denken aufzubrechen und Projekte möglichst ganzheitlich zu sehen bzw. zu beurteilen.

2. PRÄSENZ IM SCRUM TEAM ZEIGEN

Eine echte Integration ins Scrum Team und eine aktive Teilnahme am Team-Alltag sind weitere Faktoren, welche die Zusammenarbeit fördern. Einerseits muss der Usability-Professional gewillt sein, sich zu integrieren, andererseits muss ihm eine Integration selbstverständlich auch vom Team ermöglicht werden. Es wird mit großer Wahrscheinlichkeit nie gelingen, an allen Team-Meetings, Stand-Ups und Team-Events teilzunehmen, zudem ist dies aus Kosteneffizienz sicherlich kritisch zu sehen. Eine Lösung hierfür kann ein wöchentliches Jour-Fixe sein. Dies stärkt die Präsenz und die Wahrnehmung des Usability-Experten im Team und beugt einer Verdrängung des Themas Usability vor. Präsenz, Verfügbarkeit und Beteiligung an Konversationen, auch an spontanen, privaten Unterhaltungen helfen dabei, die Zusammenarbeit zu verbessern.

3. KONTINUIERLICHE KOMMUNIKATION

Überall dort, wo Menschen miteinander arbeiten, werden sich früher oder später Spannungen ergeben. Mit die größte Stellschraube, um vorhandene Spannungen abzubauen bzw. zukünftigen Spannungen vorzubeugen, liegt in der regelmäßigen und möglichst offenen, direkten Kommunikation. Hilfreich kann es sein, zusätzliche Meetings anzusetzen, in welchen stets die UX-Aktivitäten mit denen des Scrum Teams koordiniert werden. So werden Prioritäten und Verantwortlichkeiten transparent.

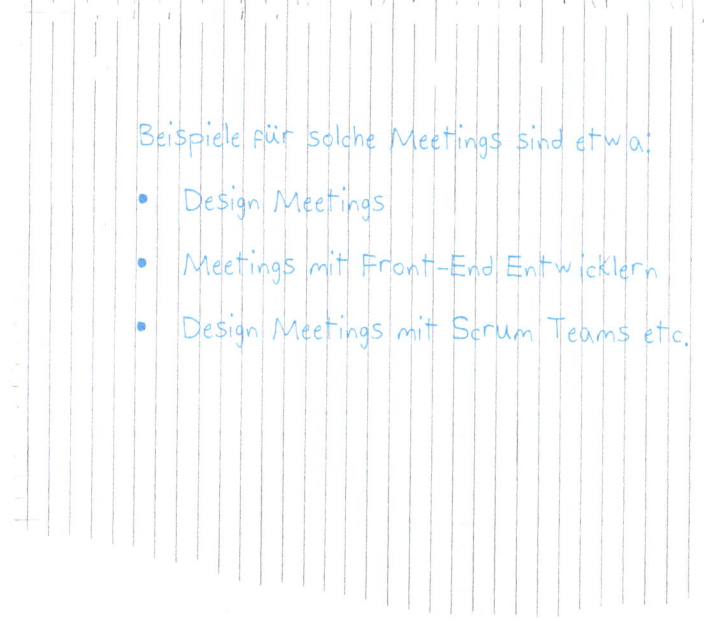

Beispiele für solche Meetings sind etwa:
- Design Meetings
- Meetings mit Front-End Entwicklern
- Design Meetings mit Scrum Teams etc.

15.5. DREIFACHES OPTIMIERUNGSPOTENTIAL

1. DISKREPANZ DER ERWARTUNGEN

Dies betrifft insbesondere die gegenseitigen Erwartungen an die Qualität und an das Committment aller partizipierenden Mitarbeiter. Die Dissonanz entsteht dadurch, dass ein Usability-Engineer ein Produkt oder eine Dienstleistung immer durch die „Brille des Nutzers" sieht. Produkt Owner und Entwickler hingegen agieren oft weniger Nutzerzentriert, ihre Prioritäten liegen nicht in der Perfektion der Usability, da Ihnen mitunter die Empathie und das Verständnis für die Nutzer fehlt. So werden Anforderungen ignoriert, Verbesserungen boykottiert und Man Power zurückgehalten. Die User Experience rutscht vom Zentrum schnell ans das Ende der Prioritätenliste.

2. FEHLENDES BEWUSSTSEIN FÜR DEN EINFLUSS DER USABILITY

Die Bedeutung einer gänzlichen Integration eines Usability-Engineers in alle Prozessschritte ist in der Praxis vielfach noch nicht angekommen. Oft werden UX-Professionals hinzugerufen, wenn Produkte schon nahezu fertig sind, Strategie Meetings und Road Maps bereits beendet sind und Anforderungen schon definiert wurden. Die Wertigkeit der UX wird gegenüber der Wertigkeit der technischen Entwicklung degradiert. Entwickelte Produktlösungen weisen dadurch trotz existenter Usability-Unterstützung eine Vielzahl von Fehlern auf.

3. UNKLARHEITEN IM TEAM ÜBER DIE ROLLE DES UX-EXPERTEN

Ein weiterer Grund für die Frustration kann eine negative Wahrnehmung und fehlende Wertschätzung eines UX-Professionals im Team sein. Product Owner und Entwickler zeigen mitunter ein zu geringes Verständnis sowie Interesse an den Fähigkeiten des Usability-Engineers und kritisieren dann schon mal deren Stellung als geteilte Ressource. Auch erleben wir es immer wieder, dass Usability-Engineers aus Scrum Teams ausgegrenzt werden, insbesondere dann, wenn eine große räumliche Trennung gegeben ist. Dadurch wird der Erfolg der Zusammenarbeit negativ beeinflusst und die Individuen stehen im Spagat zwischen Verfügbarkeit, Qualität und Integration. Verantwortlichkeiten werden übergangen und man wird nur allzu schnell zum taktischen Spielball zwischen den internen Stakeholdern.

15.6. AUSBLICK

Um langfristig erfolgreiche Projekte zu entwickeln, müssen UX und Technik im agilen Kontext zusammenarbeiten. Der Markt entwickelt sich gerade in der heutigen Zeit äußerst dynamisch und unabhängig vom genauen Umfeld, zahlen sowohl bestmögliche Usability/User Experience als auch eine optimale technisch Umsetzung auf den Projekterfolg ein. Wenn man so will, spielen beide in einem gemischten Doppel. Umso wichtiger ist es, von Beginn an miteinander statt gegeneinander zu spielen. Hierbei stellt letztlich auch die Unternehmenskultur eine wichtige Einflussgröße auf die Integration dar. In den Worten von Mike Cohn (Miterfinder der Scrum-Methodik) drückt sich das wie folgt aus: "Agile does not at all require individuals to be generalists, but individuals are expected to work together as a team." Je besser die Integration der unterschiedlichsten Bereiche/Aufgabengebiete innerhalb eines Web-Projektes klappt, desto besser wird auch das Ergebnis ausfallen.

DAS DIGITALISIERUNGS - MANAGEMENT - DILEMMA

Die Fachzeitschriften sind voll davon und auf jedem zweiten Kongress hört man etwas von Digitalisierung, Digitaler-Transformation, Agilisierung und manch weiterem Buzzword. Und im Zuge dessen kommt inzwischen – Gott sei Dank – auch immer häufiger das Thema HR zur Sprache, da die fortschreitende Digitalisierung auch in entscheidendem Maße Einfluss auf Mitarbeiter hat und nur gemeinsam mit den Mitarbeitern erfolgreich bewältigt werden kann.

Dazu möchten wir ein wenig von unseren Erfahrung berichten, die möglicherweise dem einen oder anderen entweder bekannt vorkommen und und damit zeigen, dass Umstellungsprozesse mitunter auch mit Schmerzen verbunden sind. Oder man bekommt damit ein paar erste Anhaltspunkte für Tretminen der Agilisierung und wie man diese möglicherweise umgehen kann.

Als wir vor einigen Jahren begonnen haben, uns mit dem Thema agiles Projektmanagement und hier insbesondere mit den beiden bekanntesten Formen der Agile- und Lean-Welt Scrum und Kanban zu beschäftigen, waren dafür mehrere Gründe ausschlaggebend:

- IT-Projekt werden immer komplexer und dynamischer, wodurch eine detaillierte Planung im Vorfeld nicht mehr möglich ist.
- Die klassische Wasserfallmethodik ist aufgrund laufend steigender Komplexität von IT-Projekten nicht mehr zeitgemäß.
- Erfolgreiche Projekte sind – insbesondere bei größeren Umfängen – nur noch im Team machbar.
- Mitarbeiter wollen sich verstärkt einbringen und Verantwortung übernehmen.
- Command & Control ist aufgrund zunehmender Komplexität der falsche Ansatz.

16.1. WIR MACHEN JETZT SCRUM UND SIND DAMIT MODERN UND AGIL!

Welcher Dienstleister kennt das nicht: Ein Kunde kommt mit einem durchspezifizierten Lastenheft an und möchte auf dieser Basis eine möglichst valide Zeit- und Kostenschätzung. Häufig geht es hier um recht umfangreiche und immer komplexere Projekte mit vielen Abhängigkeiten. Zudem ist gerade im Web-Umfeld die Dynamik enorm und man kann hier immer wieder Fälle erleben, bei denen sich durch neue Technologien oder sonstige Änderungen am Markt vorab definierte Lösungsansätze in kürzester Zeit pulverisieren. Dazu kommt, dass gerade bei größeren Unternehmen IT-Projekte sehr häufig von unterschiedlichsten Stakeholdern mit den unterschiedlichsten persönlichen oder politischen Interessen getrieben werden, was für das Projektmanagement mitunter eine enorme Herausforderung bedeuten kann. Wer kennt sie nicht, die unsäglichen Change-Request-Orgien, bei denen am Ende häufig kaum mehr jemand wirklich durchblickt, was jetzt eigentlich noch zu tun ist. Da kommt agiles Projektmanagement natürlich wie gerufen, weil man damit – so hört man es in ersten Gesprächen immer wieder – einfach mal drauf los programmiert und wundert sich dann am Ende, warum das viel gepriesene agile Vorgehen doch nicht funktioniert.

Nachdem wir vor etlichen Jahren dann schließlich begonnen haben, unsere Projekte und Prozesse auf agile Arbeitsweisen umzustellen, mussten wir gerade in der Anfangszeit diverse Schmerzen ertragen und die anfängliche Euphorie in Bezug auf Agilität wich zwischenzeitlich durchaus erstmal gewisser Ernüchterung. Rückwirkend betrachtet haben sich die Schmerzen jedoch absolut gelohnt und aus unserer Sicht lassen sich Projekte in der heutigen Zeit u. a. aus den oben genannten Gründen auch nur noch agil bewerkstelligen. Welche Form der Methodik dabei zum Einsatz kommt – Scrum und Kanban sind hier ja nur zwei mögliche Formen – ist an dieser Stelle auch nicht sehr entscheidend. Was jedoch relevant ist, ist die Tatsache, dass in der heutigen Zeit ein massives Umdenken des Managements gefragt ist, um die Vorteile von agilem Projektmanagement auch wirklich nutzen zu können.

Was macht man also als noch halbwegs junges Unternehmen? Richtig, man experimentiert zuerst ein wenig mit agilen Managementansätzen und nach ersten Teilerfolgen stellt man alle Ruder volle Kraft in Richtung Agile und dies kann dann in Teilen schon Schmerzen verursachen.

War es früher durchaus gang und gäbe und auch funktional, wenn der oberste Chef klare Ansagen gemacht hat und die Mitarbeiter diese nahezu „blind" ausgeführt haben, so funktioniert dieser Ansatz heute aus nachfolgenden Gründen häufig nicht mehr:

- Die Führungskraft ist fachlich zu weit weg.
- Die Führungskraft kann zeitlich nicht mehr schnell genug reagieren.
- Mitarbeiter möchten vermehrt Verantwortung übernehmen.
- Mitarbeiter möchten ihr Arbeitsumfeld und die Arbeitsergebnisse mitgestalten.

Diese Punkte können recht schnell zu einer Art Vakuum führen, das in der heutigen, schnelllebigen Zeit fatale Folgen haben kann. Wir nennen das das **Digitalisierungs-Management-Dilemma**.

16.2. AGILISIERUNG IN DER PRAXIS – UNSER ANSATZ UND EINIGE ERFAHRUNGEN

Im Rahmen der Digitalisierung wird eine enorme Anpassungs- und Entscheidungsgeschwindigkeit von Unternehmen gefordert. Dies bedeutet, dass marktrelevante Entscheidungen immer häufiger auf der operativen Ebene getroffen werden müssen, was zur Konsequenz hat, dass das Management relevante Entscheidungen auf die operative Ebene abgeben muss.

Der nachfolgende Satz von Management Guru Jurgen Appelo bringt die wesentliche Erkenntnis zu modernen Managementansätze auf den Punkt: „We believe that management is not only the managers' responsibility. It is everyone's job! Management is too important to leave to the managers."

Wer jetzt glaubt, dass sich dieser Umstand nur im Bereich der (Projekt-)Entwicklung abspielt, den muss ich an dieser Stelle enttäuschen: das Ganze hat inzwischen Einfluss auf nahezu alle Unternehmensbereiche.

Agiles Projektmanagement kann man dabei zwar grundsätzlich rein auf projektbezogener Ebene einführen, die Idee dahinter ist jedoch viel weitreichender und betrifft in letzter Konsequenz das gesamte Unternehmen und alle Bereiche. Sofern dies konsequent und umfassend angewandt wird landet man bei einer neuen Form der Unternehmensführung, die aus unserer Sicht – insbesondere in unserer immer komplexer und dynamischer werdenden Welt – der einzig richtige und zukunftsweisende Ansatz ist, um ein Unternehmen erfolgreich zu steuern: Management 3.0

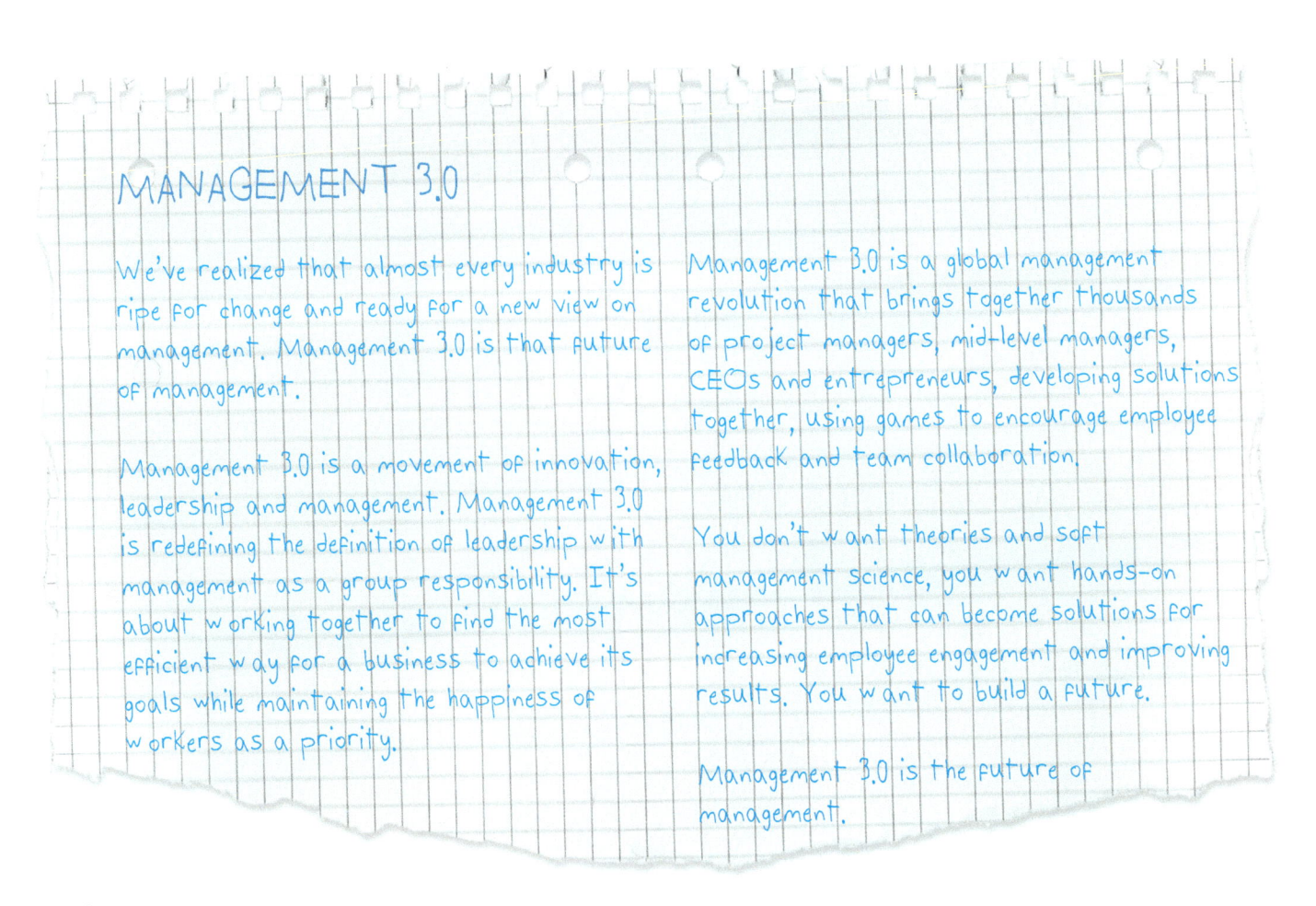

MANAGEMENT 3.0

We've realized that almost every industry is ripe for change and ready for a new view on management. Management 3.0 is that future of management.

Management 3.0 is a movement of innovation, leadership and management. Management 3.0 is redefining the definition of leadership with management as a group responsibility. It's about working together to find the most efficient way for a business to achieve its goals while maintaining the happiness of workers as a priority.

Management 3.0 is a global management revolution that brings together thousands of project managers, mid-level managers, CEOs and entrepreneurs, developing solutions together, using games to encourage employee feedback and team collaboration.

You don't want theories and soft management science, you want hands-on approaches that can become solutions for increasing employee engagement and improving results. You want to build a future.

Management 3.0 is the future of management.

Quelle: https://management30.com/about/

16.3. EIN KURZER HISTORISCHER ABRISS:

MANAGEMENT 1.0

Dieser Begriff wird der industriellen Revolution zur Jahrhundertwende zugeschrieben. Damals gab es eine klare Trennung zwischen Entscheidung und Ausführung sowie Planung und Ausführung. Das Management wurde bestimmt durch Command & Control, eignete sich sehr gut für gleichförmige Produktion und war damit für die Fließbandfertigung und Massenproduktion passgenau, allerdings auch nur für dieses Umfeld.

MANAGEMENT 2.0

Durch die Einführung verschiedener Add-Ons wie z. B. Balanced Scorecards, Total Quality Management, Business Process Reengineering und Six Sigma wurde versucht, die Schwächen von Management 1.0 auszugleichen. Jedoch wird auch beim Management 2.0 ein klarer Hierarchischer-Ansatz verfolgt, bei dem das Management genau vorgibt, wohin die Reise geht. Mitarbeiter haben u. a. durch die genannten Tools zwar die Möglichkeit zu kontrollieren, jedoch nicht mitzubestimmen. Das Problem hierbei ist, dass auftretende Probleme oder Entscheidungen nicht dort getroffen oder gelöst werden, wo Sie entstehen.

MANAGEMENT 3.0

In einer Welt, in der die Komplexität in sehr vielen Bereichen immer weiter zunimmt, lässt sich Management durch Command & Control kaum mehr vernünftig bewerkstelligen. Daher ist zukünftig nicht das „Management" eines Unternehmens gefragt, sondern jeder Mitarbeiter. Um den Mitarbeitern die Möglichkeit zu geben, stärker involviert zu werden, muss dafür gesorgt werden, dass entsprechende Transparenz, Offenheit und auch Kompetenzen eingeräumt werden. Das Management eines Unternehmens erfolgt nicht mehr durch das „Management", sondern gemeinsam durch die Mitarbeiter, wobei hier ggf. lediglich Leitlinien vorgegeben bzw. Orientierungshilfen geboten werden.

Während Management 1.0 – durchaus passend – mit einer gut geölten Maschine verglichen werden kann, die recht stupide immer dieselbe Arbeit verrichtet, handelt es sich bei Management 3.0 – aufgrund zunehmender Komplexität – um ein lernendes Netzwerk verschiedener Individuen, das echten Mehrwert generieren möchte. Was hat dies jetzt mit Scrum, Kanban & Co. zu tun? Ganz einfach: Um erfolgreich agil arbeiten zu können, muss das Umfeld entsprechend passen, damit die Mitarbeiter sich entfalten und bestmögliche Leistung erbringen können. Hierzu gehören insbesondere in der heutigen Zeit entsprechender Gestaltungsfreiraum, Verantwortung sowie Mitbestimmung. An dieser Stelle sei daher auch nochmals erwähnt, dass Scrum & Co. von einem Team der besten Entwickler erdacht wurde, bei dem die genannten Punkte sowie bestmögliche Qualität quasi als Grundvoraussetzung zementiert waren und nicht explizit erwähnt werden. In der Praxis sieht dies häufig natürlich etwas anders aus, wodurch die Situation sicherlich nicht einfacher wird.

THEORIE X UND THEORY Y ALS AUSGANGSPUNKT

Der Management-Professor Douglas McGregor veröffentlichte 1960 ein Management-Buch mit dem Titel „The Human Side of Enterprise". Darin postuliert er, dass Unternehmen Menschen in zwei „Gattungen" unterteilen, das heißt, dass sie zwei konträren Theorien folgen: Theorie X beschreibt Menschen, die glauben, dass andere Menschen grundsätzlich nicht arbeiten wollen und nur durch sog. extrinsische Motivation (z. B. hohes Gehalt) motiviert werden können. Im Gegensatz dazu gibt es Theorie Y, die Menschen beschreibt, die generell davon überzeugt sind, dass Menschen arbeiten wollen und sich dazu auch selbst motivieren – man spricht hier auch von sog. intrinsischer Motivation. Dies führt zu der recht simplen Frage: Glaubt jeder von uns daran, dass der/die Kollege/in von sich aus einen guten Job macht oder vertraut man ihm/ihr nicht auf diese Weise.

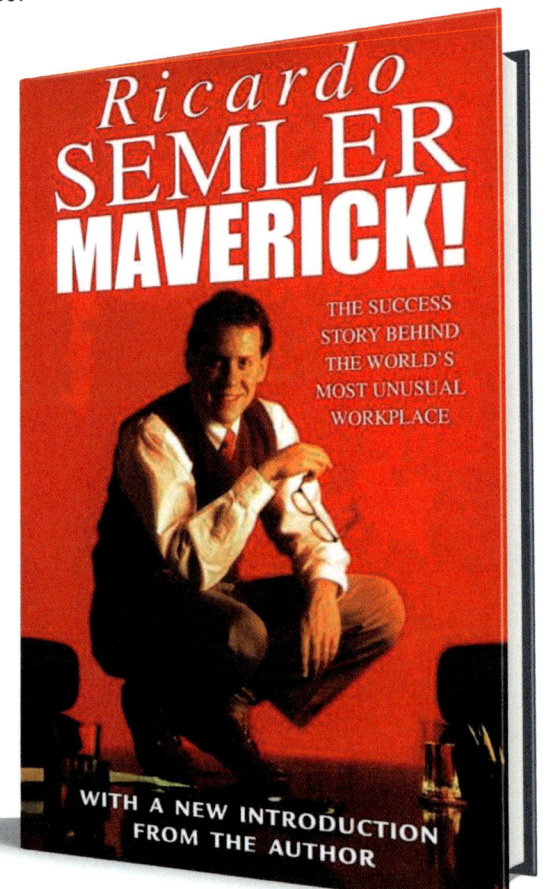

Dazu gibt es ein sehr beeindruckendes Beispiel aus der Wirtschaft. Ricardo Semler übernahm im Alter von gerade einmal 25 Jahren das Unternehmen SEMCO von seinem Vater, der ein Unternehmer der alten Schule war, d. h. klare Hierarchien und klassisches „Command & Control". Ricardo Semler wollte möglichst viel Demokratisierung in seinem Unternehmen, d. h. die Mitarbeit sollten möglichst stark in viele Bereiche des Unternehmens involviert werden und entsprechende Gestaltungsspielräume und Mitspracherechte haben. Unter Semlers Leitung stieg der Umsatz von 4 Millionen US-Dollar im Jahr 1982 auf 212 Millionen 2003 (eine Steigerung von 21 % p.a.). Die Anzahl der Beschäftigten stieg von 90 auf 3000. Über seine Management-Ansätze schrieb er das Buch „Maverick" das zu einem Management-Bestseller wurde und in dem er die X-Y-Theorie wie folgt aufgriff: Mitarbeiter sind erwachsene Menschen, aber sobald sie zur Arbeit kommen, werden sie häufig zu Kindern degradiert, indem sie Badges tragen müssen, von oben zu allem klare Vorgaben und Regeln bekommen, was zur Konsequenz hat, dass sie diesen Vorgaben häufig „blind" folgen, ohne selber nachzudenken.

MAVERICK: THE SUCCESS STORY BEHIND THE WORLD'S MOST UNUSUAL WORKPLACE
> Ricardo Semler

Jetzt bei Amazon bestellen

17.1. MCGREGOR'S KRITISCHE UNTERSCHEIDUNG

Theorie X | **Theorie Y**

Verhalten

Menschen mögen Arbeit nicht, finden sie langweilig und werden sie nach Möglichkeit vermeiden. | **Menschen müssen zwar arbeiten, wollen sich aber auch für die Arbeit interessieren.** Unter den richtigen Bedingungen macht Arbeit Spaß.

Führung

Menschen müssen angereizt werden, damit sie sich einsetzen und engagieren. | **Menschen sind in der Lage, sich selbst zu führen,** in Richtung auf ein Ziel, das sie akzeptieren.

Verantwortung

Menschen werden am liebsten angeleitet und **vermeiden die Übernahme von Verantwortung.** | Unter den richtigen Umständen suchen und **übernehmen Menschen Verantwortung.**

Motivation

Menschen sind hauptsächlich durch **Geld und die Angst vor dem Jobverlust getrieben.** | Unter den richtigen Besingungen sind Menschen durch den Wunsch **motiviert, eigenes Potential zu entfalten.**

Kreativität

Nur wenige Menschen sind zu Kreativität fähig, außer wenn es darum geht, Management-Regeln zu überlisten. | **Kreativität und Einfallsreichtum sind weit verbreitet,** werden aber nur selten genutzt und ausgeschöpft.

Quelle: Douglas McGregor, „The Human Side of Enterprise", 1960

FLOW

Flow ist ein psychologisches Konzept, das vom Psychologie-Professor Mihaly Csikszentmiahlyi von der Claremont Graduate University in Kalifornien entwickelt wurde. Wikipedia definiert den Flow dabei wie folgt: „… bezeichnet das als beglückend erlebte Gefühl eines mentalen Zustandes völliger Vertiefung (Konzentration) und restlosen Aufgehens in einer Tätigkeit („Absorption"), die wie von selbst vor sich geht – auf Deutsch in etwa Schaffens- bzw. Tätigkeitsrausch oder auch Funktionslust." D. h. man wird gefordert, aber nicht überfordert und ist dadurch ausgeglichen und zufrieden. Die beiden „Extrem-Ausschläge" wären demnach gelangweilt bzw. ausgebrannt.

Intrinsische Motivation bedeutet dabei, wie bereits angedeutet, dass die Mitarbeiter das, was sie tun, gerne tun und dafür nicht extra „geködert" werden müssen.

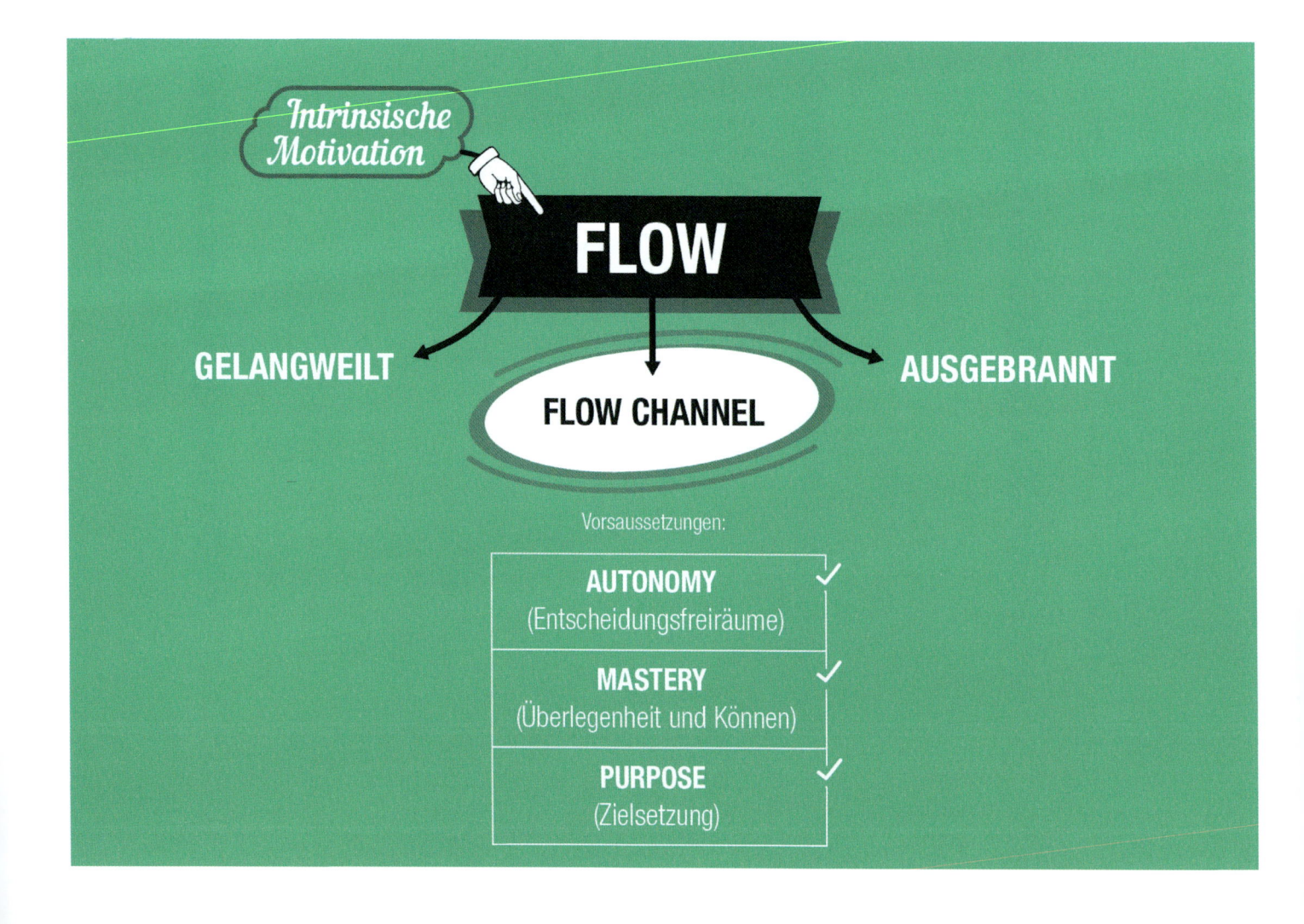

Intrinsische Motivation

FLOW

GELANGWEILT — FLOW CHANNEL — AUSGEBRANNT

Vorsaussetzungen:

AUTONOMY ✓
(Entscheidungsfreiräume)

MASTERY ✓
(Überlegenheit und Können)

PURPOSE ✓
(Zielsetzung)

Das Ziel eines modernen Unternehmens muss es demnach sein, die Mitarbeiter genau in einem solchen Flow-Channel zu platzieren, in dem sich der Mitarbeiter wohl fühlt – gefordert, aber nicht überfordert wird. In einem Unternehmen, das nach der Theorie X vorgeht, wird dieser Flow kaum machbar sein.

Ziel des Unternehmens sollte also sein, jeden Mitarbeiter eben genau in diesen Flow Channel zu bekommen. Um dies zu erreichen, muss ein Unternehmen ein Umfeld schaffen, das genau diesen Flow ermöglicht. Der Autor Daniel Pink beschreibt in seinem Bestseller „Drive" dazu die folgende drei Voraussetzungen:

AUTONOMY (SELBSTSTÄNDIGKEIT): Wenn man seinen Mitarbeitern vertraut (Theory Y), dann sollte man ihnen genug Freiraum geben, um die jeweiligen Anforderungen mit ihren Fähigkeiten optimal zu bearbeiten.

MASTERY: Mit Selbstständigkeit wird es Mitarbeitern möglich, Energie freizusetzen, die einen optimalen Einsatz der Fähigkeiten und eine permanente Verbesserung ermöglicht.

PURPOSE: Um diese Energie optimal einsetzen zu können, muss ein klares Ziel – eine Vision – entwickelt werden, an dem sich alle Mitarbeiter orientieren können. Eigentlich klingt das durchaus logisch, nachvollziehbar und auch gar nicht mal so kompliziert, oder? Dennoch ist das Ganze so in der Praxis noch wenig greifbar. Es fehlen konkrete Vorgaben oder Schritte, um einen Transformationsprozess hin zu einer agileren Unternehmenskultur und modernen Managementansätzen erfolgreich zu schaffen.

Dazu gibt es leider – oder auch Gott sei Dank – kein allgemein gültiges Rezept, da jedes Unternehmen anders „tickt" und insbesondere jedes Mitarbeiterteam anders ist. Um den Einstieg aber dennoch zu erleichtern, wurden u. a. die sog. Agile Managment Innovations – kurz AMIs – entwickelt, die der Agile Consultant und Trainer Bernd Schiffer 2012 erstmals erwähnt hat.

AGILE MANAGEMENT INNOVATIONS (AMIS) – HILFSMITTEL ZUR AGILISIERUNG EINES UNTERNEHMENS

Bei den AMIs handelt es sich um konkrete Praktiken bzw. Tools, mit denen die „Agilisierung" einer Organisation unterstützt werden. Dabei zielen die AMIs primär auf Menschen und weniger auf Prozesse ab. Bei den AMIs handelt es sich eher um Impulse und Inspirationen, die von jedem Unternehmen individuell ausgelegt und interpretiert werden können – je nach individueller Situation, dem entsprechenden Umfeld etc. AMIs können dabei einzeln, in beliebigen Teilen oder komplett eingeführt werden, wobei letzteres sicherlich ein längerer Prozess sein wird, bei dem sich das Unternehmen sukzessive wandeln wird – hin zu höchstmöglicher Agilität und damit mehr Schnelligkeit und Flexibilität.

19.1. DIE 26 AMIS IM ÜBERBLICK

Um die Übersichtlichkeit zu bewahren wurden die 26 AMIs in 6 Kategorien unterteilt. Nachfolgend eine Kurzübersicht dazu. Im Blogpost „Agile Management Innovations – a Primer" von Bernd Schiffer werden diese auch nochmals im Detail erläutern.

MONEY
- Open Books: Geschäftszahlen sind für alle Mitarbeiter zugänglich und werden bei Bedarf zu Beginn erläutert um diese interpretieren zu können.
- Open Salary Structure: Die Gehälter ALLER Mitarbeiter werden offen gelegt. Jeder weiß, was der andere verdient.
- Profit Sharing: Die Mitarbeiter werden am Unternehmenserfolg (Gewinn) beteiligt.
- Peerbased Salary: Das Gehalt der Mitarbeiter wird im Team, in dem der Mitarbeiter arbeitet, offen diskutiert und gemeinsam festgelegt.
- Salary Self-Determination: Mitarbeiter können ihr Gehalt selbst definieren.

COLLABORATIVE INFRASTRUCTURE
- Retros und Retreats: Alle Mitarbeiter einer Organisation treffen sich in regelmäßigen Abständen um die Vergangenheit zu reflektieren, die Zukunft zu planen und den Status Quo auszutauschen.
- Open Space Technology: Darunter versteht man Meetings ohne formelle Agenda, bei denen sich Leute (auch kurzfristig) zu bestimmten Themen austauschen können.
- Slow Communication: Hierunter fallen Kommunikationswege, die asynchron ablaufen, um in der täglichen Arbeit nicht unnötig gestört zu werden (z. B. Blogs)

TEAMS
- Team Empowerment: Teams sind eigenständig (haben hierzu auch entsprechende Entscheidungsbefugnisse), selbstorganisierend und cross-funktional aufgestellt.
- Sociocracy: Die gesamte Organisation (Unternehmen) ist in Teams aufgeteilt und Entscheidungen werden im Konsent getroffen (siehe Decisions).
- Happiness-Index: Ein Niko-Niko Kalender zeigt die aktuelle Zufriedenheit der Mitarbeiter pro Team und unternehmensweit.
- Reverse Accountability: „Führungskräfte" sind gegenüber Mitarbeitern verantwortlich, d. h. sie haben Bringschuld.
- Hiring through Team: Neueinstellungen, aber auch Kündigungen, werden durch das jeweilige Team abgestimmt und auch durchgeführt.
- No Job Title or Description: Es gibt keine Titel und Stellenbeschreibungen mehr.

DECISIONS
- Konsent: Hierbei handelt es sich um eine offene Form der Abstimmung (Daumen nach oben, zur Seite oder nach unten), bei der eine Entscheidung erst dann fixiert wird, wenn keiner in der Gruppe ein Veto (Daumen nach unten) einlegt. Bei einem Veto wird die Entscheidung entweder diskutiert bis alle Gruppenmitglieder davon überzeugt sind bzw. kein Veto mehr besteht oder die Entscheidung wird abgeschmettert.
- Concrete Experiments: Änderungen in der Organisation werden mit konkreten Experimenten unterlegt, wobei genaue Zeitvorgaben sowie eine Ergebnisannahme definiert werden, um die Ergebnisse prüfen und vergleichen zu können.
- True North: Durch die Festlegung von (scheinbar) unerreichbaren Zielen kann das Unternehmen auf eine gemeinsame Richtung eingependelt werden.
- Simple Rules: Anstatt umfassender Regularien wird die Organisation über einfache Regeln gesteuert.
- Delegation: Für eine zielgerichtete und effektive Zusammenarbeit ist es essentiell, klare Vorgaben für die Delegierung von Aufgaben bzw. Entscheidungskompetenzen festzulegen.

MASTERY
- Peer Feedback: Mitarbeiter erhalten aus ihren Teams (Peer Groups) regelmäßiges Feedback zu ihrer Leistung sowie Unterstützung bei ihrer Entwicklung im Unternehmen.
- Mentoring and Coaching: Mentoren unterstützen die Mitarbeiter auf ihrem Karriereweg und Coaches helfen dabei, sich persönlich weiterzuentwickeln.
- 360 degree evaluation: Hierbei handelt es sich um umfassendes (Rundum-)Feedback aus dem kompletten Unternehmen. Alle Mitarbeiter der Organisation geben ein kurzes Feedback.

CUSTOMER AND INNOVATION
- Slack: Darunter versteht man Arbeitszeit, die der Mitarbeiter für eigene Projekte und Ideen verwenden kann. Bekanntestes Beispiel für Slack-Time ist die 20% Regelung von Google, mit der jeder Mitarbeiter einen Tag in der Woche für eigene Projekte verwenden darf. Unzählige Innovationen von Google wurden in dieser Zeit entwickelt.
- Work on Sight: Jeder Mitarbeiter steht mit dem Kunden in Kontakt.
- Innovation Days: Innerhalb eines bestimmten Zeitfensters arbeitet das gesamte Unternehmen an konkreten Innovationen.
- Net Promoter System (NPS): Darunter versteht man ein System, über das Kunden in regelmäßigen Abständen Feedback über Produkte und Services abgeben. z. B. erhalten alle Kunden einmal im Monat eine Feedback-E-Mail, mit der sie folgende Frage beantworten müssen: Wie wahrscheinlich ist es, dass sie uns als Dienstleister weiterempfehlen (0-10)?

DER TECHDIVISION AGILISIERUNGS-PROZESS UND EINIGE LEARNINGS DARAUS

Im Vergleich zu manch anderem Unternehmen sind wir in der glücklichen Lage, mit unserem Kollegen Sacha Storz auf einen ausgebildeten Diplom-Psychologen mit langjähriger Management-Erfahrung im IT-Umfeld zurückgreifen zu können, der sich bereits sehr früh mit modernen Managementansätzen beschäftigt hat. Als Standortleiter für unser Büro in München war und ist er für den Aufbau und die Weiterentwicklung des Standortes verantwortlich und kann bzw. konnte aufgrund des komplett neuen Teams quasi auf der grünen Wiese entsprechende Ansätze testen und adaptieren. D. h. wir haben unseren Münchner-Standort als Testumfeld genutzt und erfolgreiche Ansätze nach gewisser Zeit für das gesamte Unternehmen eingeführt.

Zum Einstieg bedienten wir uns hierbei der eben skizzierten AMIs. In einem ersten Schritt wurden von uns einige der vermeintlich einfach umzusetzenden AMIs in München über einen Zeitraum von mehreren Monaten getestet. Dabei stellte sich recht schnell heraus, dass manche dieser Experimente mitunter sehr gut funktionieren und uns als Unternehmen weiterbringen. Auf dieser Basis beschlossen wird im Rahmen eines Workshops, mit allen Entscheidern des Unternehmens die Agilisierung von TechDivision mit Hilfe der AMIs zu diskutieren und einen Fahrplan hierfür zu erarbeiten.

Natürlich kann man jetzt nicht hergehen, sich ein paar der AMIs – oder am „besten" gleich alle – rauspicken, den Mitarbeitern vorsetzen und davon ausgehen, dass man ab diesem Zeitpunkt „richtig" agil unterwegs und alles gut ist. Uns war durchaus bewusst, dass es sich hier um einen Transformationsprozess handelt, der einiges an Zeit, Geduld, aber auch Umdenken und mitunter auch mal Schmerzen bedeuten würde, um die bestehenden „Ketten" aufzubrechen und in ein neues Management-Zeitalter einzutauchen. Unser Ziel bestand aber darin, Folgendes zu erreichen:

- Mehr Spaß bei der Arbeit
- Interessante Kunden und Projekte
- Größtmöglichen Gestaltungsfreiraum
- Forderung ohne Überforderung

„Change is never painful, only the resistance to change."

Buddha

DIE ERGEBNISSE UNSERES AGILISIERUNGSWORKSHOPS

Wie bereits skizziert gibt es keinen Masterplan, wie man ein Unternehmen erfolgreich agilisiert. Es gibt lediglich Empfehlungen, wie ein solcher Transformationsprozess angestoßen werden kann. Dabei lautet die Empfehlung sukzessive, d. h. Schritt-für-Schritt vorzugehen, um das Unternehmen langsam auf die neuen Konzepte einzustimmen und hier – insbesondere in einer Wachstumsphase – nicht noch zusätzliche Komplexität und Unsicherheit aufzuwerfen.

Dabei haben wir uns folgende Vorgehensweise überlegt und angewandt:

In einem Koordinatensystem zeigt die Y-Achse etwaige „Schmerzen" und die X-Achse „Kosten" an. Auf dieser Basis haben wir uns im Rahmen eines Workshops mit allen Entscheidern aus unserem Unternehmen die 26 AMIs geschnappt und versucht, diese in diesem Koordinatensystem zu platzieren. Hierzu hatte jeder Teilnehmer des Workshops die Aufgabe die AMI zu platzieren, die er als erstes angehen würde und danach die AMI, die in seinen Augen das Ziel (den letzten Schritt in der Agilisierung) bedeuten würde. Dieses Vorgehen wurde nochmals für eine zweite Runde wiederholt.

Die Ergebnisse dieses ersten Schrittes kann man in nachfolgenden Bild sehen:

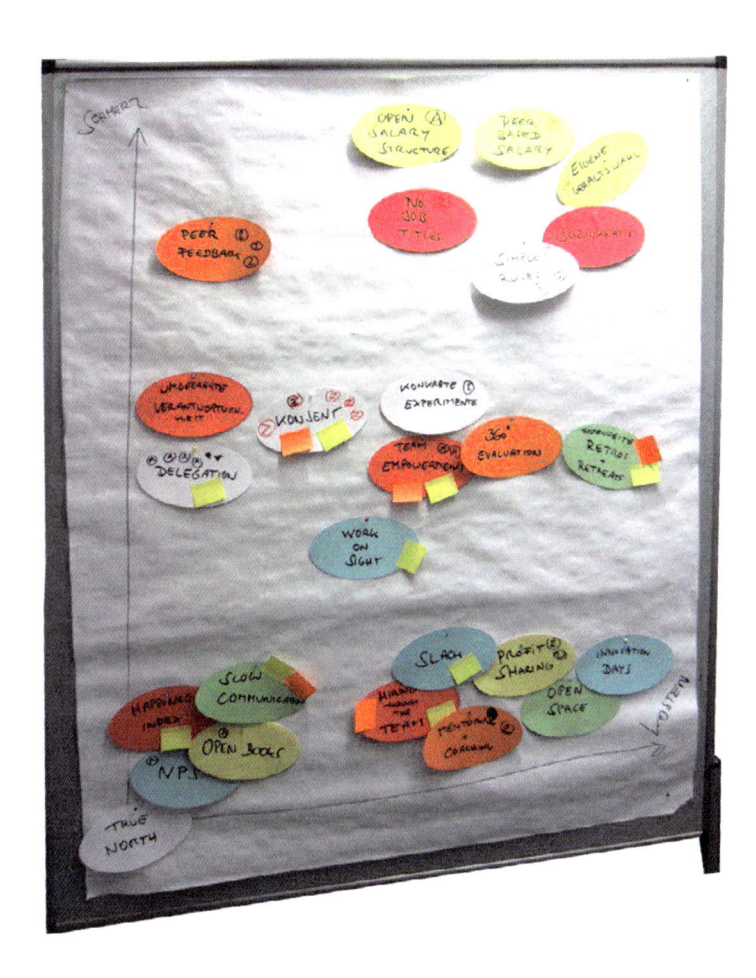

Dazu eine kurze Erläuterung:

- Gelbe Post-It: Wird in München bereits eingesetzt
- Orange Post-It: Wird in Kolbermoor bereits eingesetzt
- Die Farben der Karten symbolisieren die AMI-Kategorien

Demnach sind die AMIs, die links unten platziert wurden, relativ leicht umsetzbar, da sie zum einen wenig „Schmerz" und zum anderen auch kaum Kosten verursachen.

In der Folge sind wir dann so vorgegangen, dass wir eine Konsent-Abstimmung über die Einführung dieser AMIs durchgeführt haben und damit folgende AMIs identifiziert wurden:

Slow Communication: Wird durch die Implementierung eines internen Microblogging-Dienstes bereits angewandt und ist somit bereits im Einsatz.
Happiness-Index: Dieser wird in München bereits durch den sog. Niko-Niko Kalender geführt (daher der gelbe Post-It). In Kolbermoor werden wir dies zeitnah nachholen.
Open Books: Bis zum vereinbarten Stichtag werden wir die Geschäftszahlen in aufbereiteter Form zugänglich machen, damit sich jeder interessierte Mitarbeiter selbst ein Bild über die aktuelle geschäftliche Situation machen kann.
NPS (Net Promoter System): Wir führen bis zum Stichtag ein Bewertungssystem für unsere Kunden ein, mit dem in regelmäßigen Abstände die Stimmungslage bei unseren Kunden abgefragt wird.

Danach wurde die AMI angegangen, die von den Teilnehmern des Workshops als Einstiegspunkt (erster Ansatz zur Agilisierung) mit vier A´s bewertet wurde: Delegation

Hierzu wurde ein sog. Authority-Board eingeführt, an das entsprechende Tätigkeiten gehängt werden können und das in sieben „Level" unterteilt wird:

1. TELL
Hierbei wird eine Entscheidung getroffen und den Mitarbeitern mitgeteilt. Eine Diskussion darüber ist weder gewünscht noch notwendig.

2. SELL
Es wird eine Entscheidung für andere getroffen und dabei versucht die „Betroffenen" von dieser Entscheidung zu überzeugen.

3. CONSULT
Es wird zuerst um Input gebeten, der für eine Entscheidung herangezogen wird, bevor diese getroffen wird.

4. AGREE
Eine Entscheidung wird in der Gruppe diskutiert und in der Gruppe entschieden.

5. ADVISE
Ich biete den anderen meine Meinung an und hoffe, dass sie meinen Rat annehmen. Die Entscheidung fällt aber letztlich die Gruppe.

6. INQUIRE
Die Entscheidung wird der Gruppe überlassen und es ist die Aufgabe der Gruppe, mich zu informieren.

7. DELEGATE
Die Entscheidung wird komplett in der Gruppe getroffen. Details über die Entscheidung sind für mich nicht relevant. D. h. die Gruppe hat vollen Entscheidungsspielraum und Vertrauen.

Wie so etwas dann aussehen kann, sieht man in nachfolgendem Bild. Im Nachgang des Workshops wurden dann erste Tasks an dieses Board gehängt und das Level der Mitbestimmung definiert. Dabei stehen zu Beginn die Entscheidungen primär auf „Tell" und „wandern" in der Folge sukzessive in Richtung Delegate.

Um entsprechende Tasks abzufragen und das Level der Entscheidungsfindung zu definieren, wurde eine Vorschlägebox eingeführt, in der Mitarbeiter entsprechende Tasks nennen konnten, über die wir dann in der Folge entscheiden, inwieweit diese aktuell von den Mitarbeitern – gemäß den genannten sieben Levels – entschieden werden können.

Abschließend wurde von uns noch definiert, dass wir in jedem unserer Team einen sog. Delegierten definieren, der das Teams bei übergreifenden Entscheidungen vertritt sowie die Kommunikation für das Team (z. B. in Richtung Geschäftsleitung) übernimmt. Das Team sollte sich dann – zumindest in unserer Idealvorstellung – möglichst eigenständig organisieren und weitestgehend selbstverantwortlich agieren, wobei die Führungsmannschaft zu jeder Zeit begleitend und unterstützend dabei war. Soviel zur Theorie!

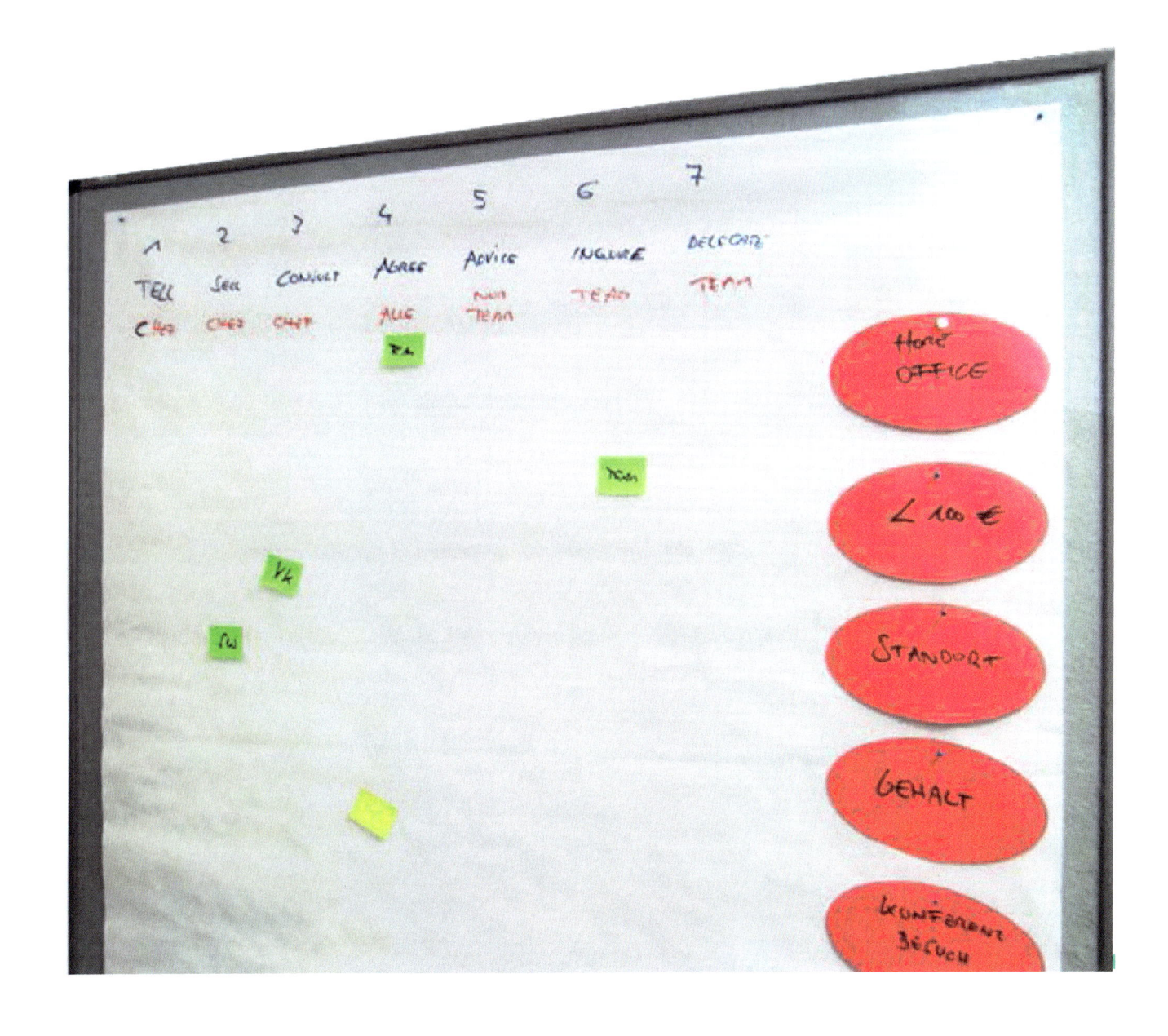

DIE RECHNUNG OHNE DEN WIRT

In der Praxis haben sich dann doch recht schnell einige Punkte gezeigt, die sich in der Theorie sehr gut anhören, deren Umsetzung aber doch deutlich schwieriger erschien. Um das Ganze etwas plastisch zu machen, an dieser Stelle ein Zitat eines noch jüngeren Kollegen, der frisch nach der Uni bei uns angefangen hatte: „Aktuell tue ich mich echt noch schwer, mich zurechtzufinden, da mir in der Schule zwölf Jahre lang vom Lehrer vorgekaut wurde, was ich tun und lassen soll. Danach war der Prof. derjenige, der den klaren Takt vorgegeben hat. Jetzt bin ich hier und soll auf einmal eigenständig Entscheidungen treffen oder zumindest mitentscheiden. Dies fällt mir aktuell echt noch sehr schwer….". Unser Team ist zwar recht gemischt, was das Alter und die Historie angeht. Tendenziell arbeiten bei uns allerdings viele jüngere Mitarbeiter, für die TechDivision der erste richtige Arbeitgeber ist. Dass dies tatsächlich ein echtes Problem darstellt, zeigte sich dann auch an anderen Stellen recht schnell.

Erinnern wir uns kurz zurück an unser Ziel: Wir wollen/wollten den „Flow" fördern und damit die Mitarbeiter fordern, aber nicht überfordern. Durch unseren ersten Ansatz sind wir hier etwas über das Ziel hinaus geschossen. Wir mussten daher unseren Kurs korrigieren. Hierzu wurden explizite Teamleiter eingeführt, die in Teilen klassische Führungsaufgaben innerhalb des Teams übernehmen jedoch mit dem Fokus auf Coaching und Mentoring und damit im Prinzip eine Art „Leitwolf" für das restliche Team darstellen. Darüberhinaus wurden von uns in einem nächsten Schritt u. a. konkretere Leitplanken anhand spezifischer Vorgaben und entsprechender Prozesse eingeführt und siehe da, plötzlich kommt der Flow.

Natürlich ist hier bei weitem noch nicht alles Gold, was glänzt, und wir sind auch noch lange nicht am Ende unseres Transformationsprozesses. Wir glauben aber schon – und unsere aktuellen Erkenntnisse und Daten sowie Gespräche mit unterschiedlichsten Unternehmen sowohl im Mittelstand als auch im internationalen Umfeld belegen recht deutlich – dass wir mit unserem Managementansatz inzwischen auf dem richtigen Weg sind und hier gegenüber vielen Unternehmen, die jetzt auch mit dem Management-Digitalisierungs-Dilemma kämpfen, einen Schritt voraus sind.

Die Feedbacks unserer Mitarbeiter auf dem Arbeitgeberbewertungsportal Kununu unterstreichen in jedem Fall, dass wir ein paar Dinge nicht komplett falsch gemacht haben, wenngleich das Ganze natürlich für uns auch einen enormen Ansporn bedeutet, jetzt nicht nachzulassen….

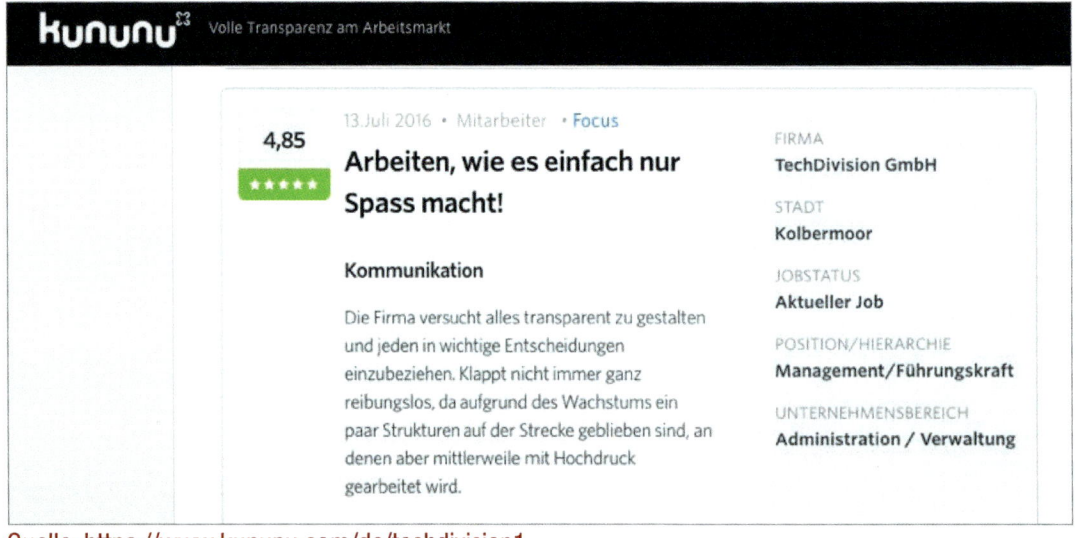

Quelle: https://www.kununu.com/de/techdivision1

FAZIT

Die Praxis hat gezeigt, dass eine komplexe Welt, in der wir uns heute bewegen, nur noch über agile Methoden erfolgreich gemanaged werden kann. Diverse Studien belegen diese These auch recht eindrucksvoll.

Ob dies nun über Scrum, Kanban oder „exotischere" bzw. eigens adaptierte Modelle erfolgt, hängt von unterschiedlichsten Faktoren ab und das muss jedes Unternehmen anhand der jeweiligen Gegebenheiten für sich selbst herausfinden.

Was beim Thema Agilisierung jedoch niemals vergessen werden darf, sind die Mitarbeiter, die möglichst frühzeitig in den Prozess involviert und an die Hand genommen werden müssen. Eine Agilisierung und die damit verbundenen Vorteile im Bezug auf Flexibilität und Zeit funktionieren nur, wenn Entscheidungen auch dort kurzfristig getroffen werden können, wo sie gerade anstehen. Führungskräfte müssen daher lernen, los zu lassen, Verantwortung zu übertragen und etwaige Konsequenzen auch mitzugehen. Kaum ein Mitarbeiter wird bewusst falsche Entscheidungen treffen und die Praxis hat ja auch mehr als häufig gezeigt, dass selbst die erfahrensten und „besten" Manager nicht vor Fehlentscheidungen gefeit sind….

Die Ideen hinter Management 3.0 dienen dazu, ein für agile Arbeits- und Managementmethoden passenderes Umfeld sowie eine zeitgemäßere Unternehmenskultur zu etablieren, über die Unternehmen auch ihre Attraktivität als Arbeitgeber (wieder) steigern können.

Wir freuen uns in jedem Fall jederzeit über Feedback, Fragen und Anregungen, aber auch über Erfahrungen und Learnings anderer Unternehmen.

AUTOREN

JOSEF WILLKOMMER, GESCHÄFTSFÜHRER TECHDIVISION

Als Geschäftsführer von TechDivision beschäftigt sich Josef Willkommer seit vielen Jahren sehr intensiv mit Themen aus den Bereichen E-Commerce, Online Marketing und den dazu notwendigen, modernen Projektmanagement-Ansätzen. Darüber hinaus ist er als Chefredakteur des eStrategy-Magazins – einem quartalsweise erscheinenden, kostenlosen Online-Magazin mit Fokus auf E-Commerce und Online Marketing – auch journalistisch tätig und versucht sein Wissen in Form von Fachbeiträgen weiterzugeben. Auch auf diversen Fachkonferenzen trifft man ihn als Referent zu Themen rund um den elektronischen Handel.

SACHA STORZ, STANDORTLEITUNG MÜNCHEN / BUSINESS DEVELOPMENT

Sacha Storz ist ausgebildeter Psychologe und als Agile Evangelist bei TechDivision für die Einführung und Optimierung moderne Managementmethoden in der täglichen Praxis verantwortlich. Er verfügt hierzu über folgende Ausbildungen und Zertifizierungen:

- Certified Scrum Product Owner (CSPO)
- Certified Scrum Professional (CSP)
- Professional Scrum Master Level I
- Kanban Management Professional
- Certified Agile Requirements Specialist (cars)
- Licensed Management 3.0 Facilitator

Sacha Storz ist als Speaker auf unterschiedlichsten auch internationalen Veranstaltungen rund um Projektmanagement und New Work anzutreffen. Darüberhinaus gibt er Schulungen und Trainings zu diesen Themen.

DOMINIK HALLER, ONLINE MARKETING MANAGER / PROJEKTMANAGER

Der studierte Kommunikationswissenschaftler arbeitet als Online Marketing Manager bei der TechDivision GmbH und ist für das Content Management, Partnermanagement, für die Eventorganisation sowie sämtliche Marketingaktivitäten online / offline zuständig. Darüber hinaus ist er als leitender Redakteur und Autor des eStrategy Magazins für Hintergrundrecherchen rund um das Thema E-Commerce, Online Marketing, E-Recht, etc. zuständig. Neben seiner beruflichen Tätigkeit bei der TechDivision GmbH engagiert er sich auch als Lehrbeauftragter an der Universität Salzburg.

EXTERNE AUTOREN
DR. MATTHIAS ORTHWEIN, LL.M. (BOSTON) / SKW SCHWARZ RECHTSANWÄLTE

Dr. Matthias Orthwein, LL.M. berät nationale und internationale Mandanten im IT-Recht, vor allem im Softwarerecht bspw. bei Lizenzrechtsauseinandersetzungen, beim Entwurf und der Verhandlung von Softwareerstellungs- und -kaufverträgen.

Als erfahrener Experte im IT Outsourcingrecht und im IT Projektrecht verhilft er Providern und Kunden zu einem erfolgreichen Projektabschluss und ist sowohl bei der Ausschreibung und Verhandlung von Verträgen als auch bei der Vertragsdurchführung und bei der Lösung eventueller Konflikte zwischen den Parteien tätig.

Der Schwerpunkt seiner Tätigkeit wird zudem durch die Beratung im nationalen und internationalen Datenschutzrecht sowie im e-Commerce abgerundet. Dr. Orthwein ist Lehrbeauftragter für IT und Datenschutzrecht an der Hochschule Rosenheim. Der Branchendienst „Legal 500 Germany" zeichnet ihn auch 2017 wieder als „Häufig empfohlenen Anwalt für IT und Outsourcing" aus.

TECHDIVISION GMBH

TURNING ONLINE PROJECTS INTO SUCCESS

EIN BLICK HINTER DIE KULISSEN
02:16
> TechDivision

Watch the Video

Der Webtechnologiedienstleister TechDivision gehört im deutschsprachigen Raum zu den führenden Adressen für anspruchsvolle E-Commerce-Lösungen und Digitalisierung von Geschäftsprozessen auf Basis von Open Source Technologien. Das Leistungsspektrum von TechDivision reicht von Consultingleistungen über Konzept- und Designentwicklung sowie Implementierung und Betreuung bis hin zu Online-Marketing. Neben diversen mittelständischen Kunden vertrauen auch international agierende Unternehmen wie Allianz, Ritter-Sport, ZORO Tools, Salewa, FERRERO oder Cherry auf das Know-how und die Erfahrung von TechDivision. Aktuell verfügt TechDivision über zwei Standorte in Rosenheim/Kolbermoor und München und beschäftigt insgesamt mehr als 75 Mitarbeiter.

Mit dem eStrategy-Magazin veröffentlich TechDivision zudem einmal im Quartal das führende Online-Magazin zum Thema E-Commerce und Online-Marketing in der DACH-Region. Das Magazin kann kostenlos unter www.estrategy-magazin.de herunter geladen werden.

Mehr Informationen über TechDivision lesen Sie unter www.techdivision.com.

WAS WIR FÜR SIE TUN KÖNNEN…

Sie brauchen Unterstützung bei Ihrer Digitalen Transformation? TechDivision verfügt sowohl im Bereich Technologie als auch Personal/HR über fundierte und langjährige Expertise!

LEISTUNGSSPEKTRUM

TECHNOLOGIE

Entwicklung von individuellen Webapplikationen auf Basis modernster Open Source Technologie. Dadurch können wir größtmögliche Flexibilität, Wirtschaftlichkeit und Zukunftsfähigkeit gewährleisten:

- E-Commerce Plattformen (b2c & b2b) einschließlich Omnichannel-Lösungen
- Individuelle Webapplikationen inkl. Single Page Apps
- Corporate Web, Intranet, Extranet
- Technologie-Audits und Evaluierungen

PERSONAL UND PROZESSE

- Workshops und Trainings zu agilen Managementmethoden (Scrum, Kanban, Management 3.0)
- Vorträge zum Thema Digitale- & Agile Transformation
- Consulting und Begleitung bei entsprechenden Change-Prozessen

DAS SAGEN KUNDEN ÜBER UNS:

Allianz

„Der Workshop mit Stefan Willkommer (Geschäftsführer) und Sacha Storz (Management 3.0 Trainer / Agile Evangelist) der TechDivision war interessant und inspirierend. Unser Austausch über agiles Management und agile Transformation hat uns zum einen einen spannenden Einblick in die dynamische Organisation einer 70-Personen-Agentur gegeben. Die Feedbacks, Anregungen und kritischen Fragen der beiden wiederum haben dazu geführt, Aspekte unserer Change-Initiative, Organisationsstruktur und Unternehmenskultur neu zu betrachten. Ein sehr lohnenswerter Termin, der mit Sicherheit Folgetermine nach sich ziehen wird!"

Margarete Voll, Projektleiterin Allianz in Führung

CHERRY

„Wir sind sehr froh, bei unserem digitalen Transformationsprozess einen erfahrenen Partner wie TechDivision an unserer Seite zu haben, der im Vorfeld bei der Auswahl entsprechender Technologien und Prozesse beratend zur Seite stand und uns in der Folge auch bei der Umsetzung und Weiterentwicklung unterstützt! An dieser Stelle schon mal vielen Dank für die bisher geleistete, sehr gute Arbeit!"

Michael Schmid, Leitung Marketing & PR, Cherry GmbH

ERICH JAEGER

„Wie viele mittelständische Unternehmen beschäftigen uns auch wir inzwischen intensiver mit der fortschreitenden Digitalisierung. Bei der Unmenge an Möglichkeiten und Optionen war bzw. ist es für uns jedoch nicht einfach, die richtigen Ansätze zu finden. Hierbei begleitet uns TechDivision bereits seit geraumer Zeit sehr erfolgreich. An dieser Stelle vielen Dank für ihre bisherige Arbeit und ihr Engagement. Wir sind gespannt, wie sich unsere Ansätze weiterhin entwickeln."

Holger Wagner. Leitung Marketing, Erich Jaeger GmbH + Co. KG

EIN AUSZUG UNSERER REFERENZEN

- EUROTOURS INTERNATIONAL
- beyerdynamic
- STABILO
- CHERRY
- Allianz
- SapientNitro
- Ritter SPORT
- FERRERO
- FLASCHENPOST – Online zu jedem Wein
- MEGGLE
- RÖHM – driven by technology
- IGEPAgroup
- KATHREIN Antennen · Electronic
- Anita SINCE 1886
- ZORO TOOLS
- Schülerhilfe – Das Original. Seit 1974.
- SALEWA
- DYNAFIT

Alle abgebildeten Logos und genannten Warenzeichen sowie Markennamen sind Eigentum der entsprechenden Unternehmen.

DAMIT NEHMEN SIE FAHRT AUF....

„DRIVE" VON DANIEL PINK

Sind wir nicht alle davon überzeugt, dass wir am besten mit äußeren Anreizen wie Geld und Prestige oder durch „Zuckerbrot und Peitsche" zu motivieren sind? „Alles falsch", sagt Daniel H. Pink in seinem provokanten und zukunftsweisenden Buch. Das Geheimnis unseres persönlichen Erfolges ist das zutiefst menschliche Bedürfnis, unser Leben selbst zu bestimmen, zu lernen, Neues zu erschaffen und damit unsere Lebensqualität und unsere Welt zu verbessern. Daniel H. Pink enthüllt die Widersprüche zwischen dem, was die Wissenschaft weiß, und dem, was die Wirtschaft tut – und wie genau dies jeden Aspekt unseres Lebens beeinflusst. Er demonstriert, dass das Prinzip von Bestrafung und Belohnung exakt der falsche Weg ist, um Menschen für die Herausforderungen von Heute zu motivieren, egal ob in Beruf oder Privatleben. In „Drive" untersucht er die drei Elemente der wirklichen Motivation – Selbstbestimmung, Perfektionierung und Sinnerfüllung – und bietet kluge sowie überraschende Techniken an, um diese in die Tat umzusetzen. Daniel H. Pink stellt uns Menschen vor, die diese neuen Ansätze zur Motivation bereits erfolgreich in ihr Leben integriert haben und uns damit entschlossen einen außergewöhnlichen Weg in die Zukunft zeigen.

Jetzt bei Amazon bestellen

THE SURPRISING TRUTH ABOUT WHAT MOTIVATES US
10:47
> Daniel Pink

Watch the Video

LESETIPPS

- Semler, Ricardo:
  „MAVERICK: THE SUCCESS STORY BEHIND THE WORLD'S MOST UNUSUAL WORKPLACE"
  Jetzt bei Amazon bestellen

- Pink, Daniel H.:
  „DRIVE: THE SURPRISING TRUTH ABOUT WHAT MOTIVATES US"
  Jetzt bei Amazon bestellen

- Appelo Jurgen:
  „MANAGEMENT 3.0 - LEADING AGILE DEVELOPERS, DEVELOPING AGILE LEADERS"
  Jetzt bei Amazon bestellen

- Hsieh Tony:
  „DELIVERING HAPPINESS: A PATH TO PROFITS, PASSION AND PURPOSE"
  Jetzt bei Amazon bestellen

- Ries Eric:
  „THE LEAN STARTUP: HOW CONSTANT INNOVATION CREATES RADICALLY SUCCESSFUL BUSINESSES"
  Jetzt bei Amazon bestellen

- Hanisch Roland:
  „DAS ENDE DES PROJEKTMANAGEMENTS"
  Jetzt bei Amazon bestellen

- Soll Donald, Eisenhard Kathleen M.:
  „SIMPLE RULES - EINFACHE REGELN FÜR KOMPLEXE SITUATIONEN"
  Jetzt bei Amazon bestellen

- IT-Agile:
  „AGILE MANAGEMENT INNOVATIONS – A PRIMER"
  Jetzt PDF downloaden

- Valve, 2012:
  „HANDBOOK FOR NEW EMPLOYEES" (PDF)
  Jetzt PDF downloaden

- Wagepoint:
  „THE EPIC GUIDE TO EMPLOYEE MANAGEMENT"
  Jetzt zu wagepoint.com gehen

IMPRESSUM

TechDivision GmbH
Spinnereiinsel 3a
83059 Kolbermoor
Tel. +49 8031 / 221055-0
Fax +49 8031 / 221055-22
info@techdivision.com

HERAUSGEBER:
TechDivision GmbH

QUELLENVERZEICHNIS:

- http://www.scrumalliance.org
- http://t3n.de/magazin/praxisbericht-scrumkanban-scrumbuts-agiles-232822/
- http://www.agileproductdesign.com/blog/dont_know_what_i_want.html
- http://btdays.de/2014se/sessions/continuous-learning-agile-anforderungsanalyse-mitimpact-mapping
- http://de.slideshare.net/springify/software-that-matters-agileanforderungsanalyse-mit-impact-mapping
- http://de.slideshare.net/springify/software-thatmatters-agile-anforderungsanalyse-mit-impactmapping
- http://impactmapping.org
- http://www.wolter.biz/tag/impact-mapping/
- http://agilemanifesto.org/iso/de/principles.html
- http://agilemanifesto.org
- http://borisgloger.com/scrum/scrumflow/die-scrum-artefakte/
- http://borisgloger.com/2011/06/20/scrumessentials-die-sieben-fragen-der-user-story/
- http://borisgloger.com/2010/10/04/das-impediment-backlog-10-tipps/
- https://www.energizedwork.com/weblog/2007/05/fixed-price-contracts-dont-work
- http://de.wikipedia.org/wiki/Kanban
- http://de.wikipedia.org/wiki/Kanban#Historische_Entwicklung
- www.heise.de/developer/artikel/Software-Kanban-im-Einsatz-1235465.html
- http://www.it-agile.de/wissen/methoden/kanban/
- www.heise.de/developer/artikel/Kanban-richtigeinfuehren-1344554.html?artikelseite=2
- www.heise.de/developer/artikel/Kanban-richtig-einfuehren-1344554.html?artikelseite=3
- www.t3n.de/magazin/praxisbericht-scrum-kanban-scrumbuts-agiles-232822/2/
- www.infoq.com/resource/news/2010/01/kanban-scrum-minibook/en/resources/KanbanAndScrum-German.pdf
- https://jaxenter.de/agile-im-konzern-kann-das-funktionieren-41026
- https://www.gpm-ipma.de/fileadmin/user_upload/Know-How/studien/Studie_Agiles-PM_web.pdf
- https://management30.com/
- Douglas McGregor, „The Human Side of Enterprise", 1960
- http://agiletrail.com/2012/11/08/agile-management-innovations-a-primer
- Superboy by Sandra Hascher, TechDivision GmbH, S.23
- Stefan Willkommer, by Florian Sydekum, TechDivision GmbH, S.77

„TURNING ONLINE PROJECTS INTO SUCCESS"

Sie haben Fragen? Wir stehen Ihnen telefonisch und per Mail gerne zur Verfügung und freuen uns auf eine kreative und erfolgreiche Zusammenarbeit!

TechDivision GmbH

Spinnereiinsel 3a
83059 Kolbermoor

Balanstr. 73, Haus 8, 3 OG
81541 München

Tel +49 8031 2210 55-0
Fax +49 8031 2210 55-22

info@techdivision.com
www.techdivision.com

Printed in Germany
by Amazon Distribution
GmbH, Leipzig